オールカラー

CD付き

超入門！

3日でマスター！

ハングル

オ 소

ドリル

石田美智代

[著]

ナツメ社

はじめに

　韓国語は日本語と発音が似ている単語が多くあったり、文法が似ていたりするので学びやすい、とよくいわれますが、そうはいっても、まず目に入ってくるのは〇や□の記号のような韓国語の文字。これを覚えるのはちょっと…、と思っている方に、ぜひ手に取っていただきたいのが本書です。

　とりあえず3日で韓国語の文字「ハングル」をマスターし、ハングルが読めるようになろう、というのが本書の目的です。「3日」と設定していますが、1日がんばるだけ、いえ、半日がんばるだけでも、いくつかの文字が読めるようになります。そして、少しでも読めるようになれば、ハングルを読むのが確実に面白くなりますから、あとはどんどん読み方をマスターできるでしょう。

　本書は、1日目に基本の母音と子音を、2日目で残りすべての母音と子音をマスターし、3日目に発音のルールを学びます。そして最後に、韓国語の看板やメニュー、ショッピングなどで目に入る韓国語を、記号ではなく意味をもつ言葉として読めることがしっかり実感できるようになっています。これまで韓国語を勉強しようとして途中で挫折してしまったという方も、ぜひ再チャレンジしてみてください。

　また、付属のCDをぜひ活用してください。目で文字を見て、手で文字を書くだけでなく、耳でも文字を確認することが、ハングルを頭に定着する助けになると思います。また、正しい発音を身につけるのにも役立ちます。

　最近では、飛行機に乗って韓国まで行かなくても、日本国内の韓国食材店にある商品や、韓流ドラマ・映画、SNSなど、いくらでも韓国語を目にすることができます。ハングルが読めれば、韓国文化に対する楽しさ、愛おしさがより一層レベルアップすることでしょう。世界が広がる楽しさを、一緒に感じることができたらうれしいです。

石田　美智代

目 次

1日目 基本の子音と母音をマスター

LESSON 1 ハングルってこんな文字 8
- ●ハングルとは
- ●子音と母音の組み合わせでできている
- ●最初の子音でグループがわかる

LESSON 2 子音ってこんな形 12
- ●口や舌などの形を表す子音

LESSON 3 母音ってこんな形 14
- ●天・地・人を表す母音　●基本の母音は6つ

LESSON 4 「あ」「い」「お」と「さ」行 16
- ●音のない子音と、母音「あ」「い」「お」
- ●「さ」行の子音

LESSON 5 「ま」行と「ら」行 18
- ●「ま」行の子音　●「ら」行の子音

LESSON 6 2つの「う」を聞き分ける 22
- ●2種類の母音「う」

LESSON 7 2つの「お」を聞き分ける 24
- ●2種類の母音「お」

LESSON 8 2つの「え」は同じ発音 26
- ●2種類の母音「え」

LESSON 9 「な」行(「ぬ」「ね」「の」は2種類) 30
- ●「な」行の子音

LESSON 10 「は」行(「ふ」「へ」「ほ」は2種類) 32
- ●「は」行の子音

LESSON 11 「か」行(語中は「が」行) 36
- ●「か」行の子音

LESSON 12 「た」行(語中は「だ」行) 38
- ●「た」行の子音

LESSON 13 「ぱ」行(語中は「ば」行) 42
- ●「ぱ」行の子音

LESSON 14 「ちゃ」行(語中は「じゃ」行) 44
- ●「ちゃ」行の子音

おさらい練習問題 48

基本のハングルをまとめて書こう! 50

2日目 兄弟分の子音と母音をマスター

LESSON 1 「や」行の母音① 52
- ●短い棒が2本ある母音「や」「ゆ」「よ」

LESSON 2 「や」行の母音② 54
- ●短い棒が2本ある母音「いぇ」

LESSON 3 「わ」行の母音① 58
- ●2つの母音の組み合わせ 母音「わ」「うぇ」

LESSON 4 「わ」行の母音② 60
- ●2つの母音の組み合わせ 母音「うぉ」「うぃ」「うぇ」

LESSON 5 「わ」行の母音③ 62
- ●「わ」行でも音が混ざらない母音「うぃ」

LESSON 6 激音①強く吐き出す「か」行 ……………………………………… 66
●息を強く吐き出す子音　●「か」行の激音

LESSON 7 激音②強く吐き出す「た」行 ……………………………………… 68
●「た」行の激音

LESSON 8 激音③強く吐き出す「ぱ」行 ……………………………………… 72
●「ぱ」行の激音

LESSON 9 激音④強く吐き出す「ちゃ」行 …………………………………… 74
●「ちゃ」行の激音

LESSON 10 濃音①詰まる音の「か」行 ………………………………………… 78
●喉を緊張させて発音する子音　●「か」行の濃音

LESSON 11 濃音②詰まる音の「た」行 ………………………………………… 80
●「た」行の濃音

LESSON 12 濃音③詰まる音の「ぱ」行 ………………………………………… 84
●「ぱ」行の濃音

LESSON 13 濃音④詰まる音の「ちゃ」行 ……………………………………… 86
●「ちゃ」行の濃音

LESSON 14 濃音⑤詰まる音の「さ」行 ………………………………………… 88
●「さ」行の濃音

おさらい練習問題 ……………………………………………………………… 92

コラム：ハングルのフォントいろいろ …………………………………… 94

3日目 パッチムと発音の変化をマスター

LESSON 1 パッチムの基本と「ン」に聞こえるパッチム ……………………… 96
●パッチムの発音は7種類　●「ン」に聞こえるパッチム①[ng]
●「ン」に聞こえるパッチム②[n]　●「ン」に聞こえるパッチム③[m]

LESSON 2 「ッ」に聞こえるパッチム ………………………………………… 101
●「ッ」に聞こえるパッチム①[k]グループ　●「ッ」に聞こえるパッチム②[t]グループ
●「ッ」に聞こえるパッチム③[p]グループ

LESSON 3 英語の「l」に似た音のパッチム …………………………………… 105
●母音をつけずに「l」だけを発音

LESSON 4 発音の変化①連音化 ……………………………………………… 108
●パッチムと母音がくっつく連音化

LESSON 5 発音の変化②側音化 ……………………………………………… 110
●パッチム[l]+子音[n] ●パッチム[n]+子音[l]

LESSON 6 発音の変化③濃音化 ……………………………………………… 114
●濁る音が濁らなくなる ●意識されない「さ」行の濃音化

LESSON 7 発音の変化④鼻音化 ……………………………………………… 116
●「ッ」が「ン」で発音される ●さらに「ラ」行が「ナ」行で発音される

LESSON 8 発音の変化⑤弱音化 ……………………………………………… 120
●パッチムのあとのㅎが無視される ●パッチムㅎが無視される

LESSON 9 発音の変化⑥激音化 ……………………………………………… 122
●ㅎの前のパッチムが激音化 ●パッチムㅎのあとの子音が激音化

かな文字のハングル表記 …………………………………………………… 126

おさらい練習問題 …………………………………………………………… 128

コラム：「ム」か？「ン」か？ パッチム[m] …………………………… 130

力試し **単語・フレーズをどんどん読んで覚えよう**

LESSON 1 街で見かけるハングル …… 132
●読めれば意味がわかる単語
●読めても意味がわかりにくい単語

LESSON 2 レストランのハングル …… 134
●メニュー単語いろいろ
●サービス／味覚の表現

LESSON 3 ショッピングのハングル …… 136
●ファッション・コスメの単語

読んでみよう！（レストランの看板・色） 138

LESSON 4 数字①漢数字 …… 140
●日付・お金・長さ・重さなどに使う数字

LESSON 5 数字②固有数字 …… 142
●物や人などを数えるのに使う数字

LESSON 6 地名のハングル …… 144
●都市名や駅名を読み取る

読んでみよう！（地下鉄の駅名） 146

LESSON 7 基本表現①あいさつ …… 148
●出会いのあいさつ
●別れのあいさつ

LESSON 8 基本表現②
返事とあいづち／
お礼とおわび …… 150
●返事とあいづち ●お礼とおわび

LESSON 9 基本表現③
観光〜食事／
ショッピング …… 152
●観光〜食事 ●ショッピング

読んでみよう！（飲み物・SNS） 154

おさらい練習問題 …… 156

反切表 …… 158
（ハングルの子音と母音組み合わせ一覧表）

本書の構成

　本書は「１日目」（１４レッスン）、「２日目」（１４レッスン）、「３日目」（９レッスン）と「力試し」（９レッスン）の大きく４つに分かれています。

 １日目　**基本の子音と母音をマスター**

ハングルの基礎知識から、基本の子音・母音の形と発音までを身につけます。ここでは、読める単語がすぐに増える（＝読める楽しみが実感しやすい）次の順に、子音・母音を覚えていきます。

母音 あ、い、お → 子音 ま行、ら行 → 母音 う、お、え → 子音 な行、は行 → 子音 か行、た行、ぱ行、ちゃ行

子音 さ行

※最後は、濁る音（が、だ、ば、じゃ）にもなる子音をまとめて覚えます。

CDトラックNo.

●**ここまでに覚えた子音と母音：** 学習した子音と母音を忘れても、ここを見ればひと目でわかる

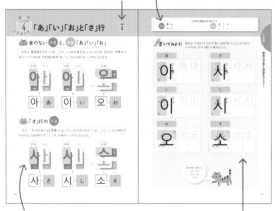

子音と母音のパーツをわかりやすく色分け

●**書いてみよう：** まず１文字ずつ練習したあと、その文字を使った単語を書いて覚える

２日目　**兄弟分の子音と母音をマスター**

「１日目」で紹介した基本の子音・母音とは兄弟分のような子音・母音を身につけます。ここまでで、ハングルのすべての子音・母音を覚えることができます。

３日目　**パッチムと発音の変化をマスター**

ここでは、文字の最後につく子音＝パッチムの読み方と、それによって生じる発音の変化などを覚えていきます。

力試し　**単語・フレーズをどんどん読んで覚えよう**

子音と母音の発音をマスターしたあとは、単語やフレーズをどんどん読んで覚えていきます。場面別単語や数字、基本のあいさつフレーズなど、覚えて役立つ表現がいろいろ身につきます。

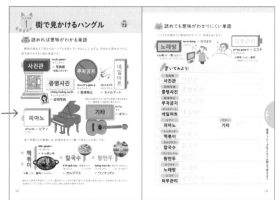

かわいいイラスト付きなので視覚的にも覚えやすい

巻末付録：反切表
　巻末には、日本語（ひらがな）の五十音表にあたる、ハングルの子音と母音組み合わせ一覧表があります。

※３日間で基本的なハングルが読み書きできるようになることを想定していますが、時間のない方や、ゆっくりていねいに覚えていきたいという方は、ご自分のペースでレッスンを進めてください。

1日目

基本の子音と母音をマスター

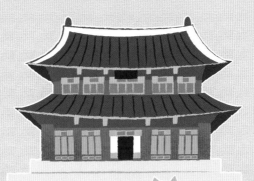

LESSON 1 ハングルってこんな文字

🐱 ハングルとは

　「ハングル」は文字の名前です。日本語は「ひらがな」という文字を使い、韓国語は「ハングル」という文字を使います（ですから日本語を「ひらがな語」といわないように、韓国語を「ハングル語」とはいいません）。

　朝鮮半島では、はるか昔から朝鮮語（韓国語）が話されていましたが、書く時には漢字を使っており、話し言葉と書き言葉が一致していませんでした。1446年、当時の王・世宗大王（せじょんだいおう）が、話し言葉をそのまま書き表す文字が必要だと考え、学者を集めて作ったのがハングルです。

話し言葉は **音だけ**
（文字はなかった）

ナラマルソリガチュングㇰ…

文字を書く時は **漢字**
（話し言葉とは別の書き言葉）

國之語音異乎中國…

話し言葉をそのまま **文字** で書きたい！

ナラマル　ソリガ チュングㇰ
나라말 소리가 중국…

　学者たちが知恵を絞って作ったハングルは、とても合理的な文字になっています。

特徴その1

子音 と 母音 の組み合わせでできている

　ハングルは、一つの文字が子音と母音の組み合わせでできているので、ローマ字の要領で文字を覚えることができます。組み合わせ方は、子音のあと（右か下）に母音をくっつけます。

　ハングルは、子音の部分と母音の部分にばらすことができますが、ひらがなは、子音と母音にばらすことはできません。

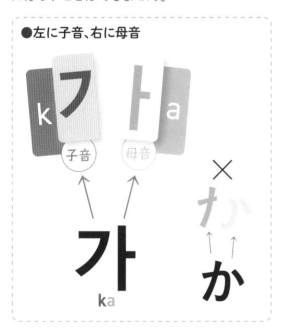

●左に子音、右に母音

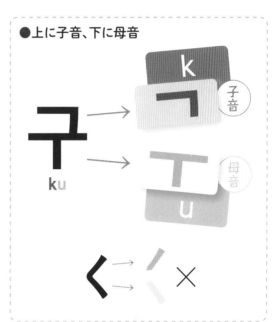

●上に子音、下に母音

　さらに、子音がもう一つくっつくことがあり、この最後につく子音のことを「パッチム」といいます。この場合もローマ字の要領で読めることに変わりはありません。

●子音＋母音の下に子音

パッチムは「3日目」（p.96～）で学習します

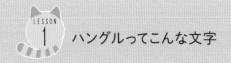

特徴その2

最初の 子音 でグループがわかる

次の「か」行を表すハングルを見てください。ハングルそれぞれに「ㄱ」という部分があるのがわかるでしょうか。

ハングル→ **가 기 구 게 고**

発音→ **か き く け こ**

「か(ka)」「き(ki)」「く(ku)」「け(ke)」「こ(ko)」は子音が[k]のグループです。「か」行のハングルに共通のㄱは子音[k]を表しています。ㄱ以外の部分は母音です。

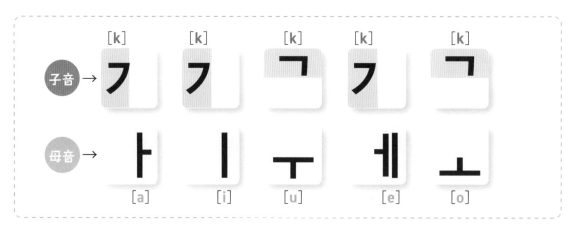

縦長の棒がある母音は子音の右側に置かれ、横長の棒がある母音は子音の下に置かれます。この母音の位置によって、子音の形が少し伸び縮みします。

子音ㄱ[k]の場合、右側に母音がつくものはカタカナの「フ」のような形で縦長になりますが、下に母音がつくものは、角でほぼ垂直に下ろした横長の形になります。

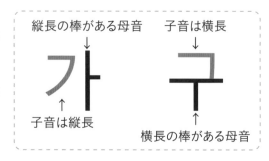

次は「な」行を表すハングルを見てみましょう。縦長・横長に伸び縮みしていますが、ハングルそれぞれに「ㄴ」という部分があるのがわかると思います。

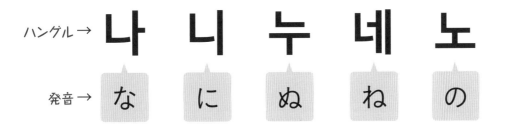

「な（na）」「に（ni）」「ぬ（nu）」「ね（ne）」「の（no）」は子音が［n］のグループです。「な」行のハングルに共通のㄴは子音［n］を表しています。

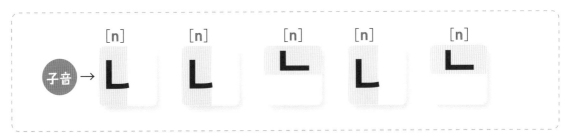

では、ランダムに置かれた文字を「か」行と「な」行に分ける時、ひらがなの場合とハングルの場合とを比べてみましょう。ひらがなの場合は形を見るだけでは共通する特徴がわかりませんが、ハングルの場合は共通の形の子音が目印となって視覚的にわかります。

●ひらがな

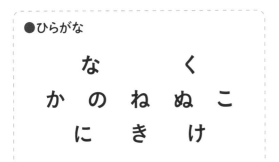

●ハングル

ハングルは
グループが
ひと目で
わかる！

ハングルを覚える一番のコツは
「子音と母音の組み合わせ」であることを理解することです。

LESSON 2 子音ってこんな形

 ## 口や舌などの形を表す 子音

　ハングルは、母音と子音の形と音を覚えれば読み書きは OK です。

　ハングルを作った学者たちは、口から出てくる声（＝音）を文字（＝形）にするために知恵を絞りました。その結果、音を作る口や舌などをなぞらえて形を作ったので、発音が覚えやすい文字になっています。まずは、おもな子音の音と形の関係を見ていきましょう。

●「か」行の子音

　「か」の音を出す時、舌の付け根が喉の入口をふさいでいるのがわかります。そこで、「か」行の[k]を表す子音は、喉の形 ㄱ になりました。

●「ま」行の子音

　「ま」の音を出す時は、いったん唇を閉じてから音を作っています。そこで、「ま」行の[m]を表す子音は、唇の形 ㅁ になりました。

　「ま」行のついでに「ぱ」行の子音を覚えることができます。「ま」と「ぱ」は、いったん唇を閉じてから音を作りますが、違いはその時に鼻から息を抜くかどうかです。「ま」は最初の唇を閉じた状態で鼻から息を抜きますが（「ん」をつけて「んま」と発音するイメージ）、「ぱ」は鼻から息を抜きません（「ん」をつける暇もなくいきなり「ぱ」と発音するイメージ）。

●「ぱ」行の子音

　「ま」を発音する直前の鼻からの息を止めると「ぱ」になります。そこで、「ぱ」行の[p]を表す子音は、「ま」行の子音の上に鼻をふさぐ棒を加えた形をイメージすると ㅂ になります。

●「な」行の子音

「な」の音は、舌先を上の歯の付け根につけて出します。その舌の形└が「な」行の[n]を表す子音になりました。

「な」行のついでに、「た」行と「ら」行の子音も覚えることができます。「な」「た」「ら」の音を続けて出してみましょう。「な」も「た」も「ら」も、舌が上の歯の付け根の近くに当たっています。

まず、「な」と「た」を比べてみましょう。「ま」と「ぱ」の違いと同様、「な」と「た」の違いも発音の直前に鼻から息を抜くかどうかです。

●「た」行の子音

「な」を発音する直前の鼻からの息を止めると「た」になります。そこで、「た」行の[t]を表す子音は、「な」行の子音の上に蓋をして息をふさいだ形⊏になります。

次は「な」と「ら」を比べてみましょう。「な」の音は舌の上の部分を上あごにくっつけて発音しますが、「ら」の音は舌の裏で上あごをはじいて発音します。

●「ら」行の子音

「な」で上あごにくっつけた舌を強くはじくと「ら」になります。そこで、「ら」行の[l]を表す子音は、舌がバネのように弾むイメージの形已になります。

他の子音も
口や舌などの
形から
作られているよ

LESSON 3 母音ってこんな形

🐱 天・地・人を表す 母音

　［k］や［n］などの子音だけで発音することはできないので、子音と母音がくっついて1つの文字になります。p.10でも紹介した、母音「あ」「い」「う」「え」「お」の形を見てみましょう。

母音 → ｜ ㅏ [a]　｜ ㅣ [i]　｜ ㅜ [u]　｜ ㅔ [e]　｜ ㅗ [o]

　母音は、長い棒と短い棒で作られています。縦の長い棒 ｜ が「人」、横の長い棒 ― が「地」、短い棒 ｜/― が「天」を表すといわれています。

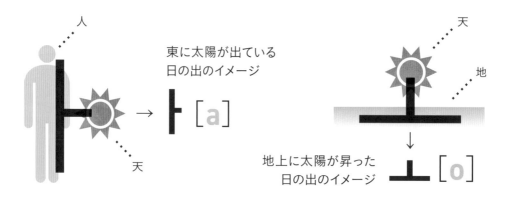

人　　　東に太陽が出ている　　　　天
　　　　日の出のイメージ　　　　　　　地
　　　　→ ㅏ [a]
天

　　　↓
地上に太陽が昇った　　ㅗ [o]
日の出のイメージ

　ハングルは子音と母音の組み合わせで1つの文字になるので、母音だけでは文字として成立しません。そこで、母音だけの音を表す文字のために、音がない子音 ㅇ ができました。

●音のない子音 + 母音[a]

아
あ
…… 音がない 子音

音のない子音は、喉から出る息をふさぐものがないイメージで、喉の穴の形 ㅇ です。息の流れを調節することなく、喉からそのまま母音を出します。

基本の 母音 は6つ

　ここまで、「か」行や「な」行のように、ハングルを日本語の五十音にあてはめて説明してきました。日本語の母音は「あいうえお」の5つですが、韓国語のもっとも基本となる母音は6つで、「お」と「う」が2つずつあります。これら6つの母音の音は、左の「あ」から右の「い」まで、発音する時の口の形が徐々に変わっていきます。

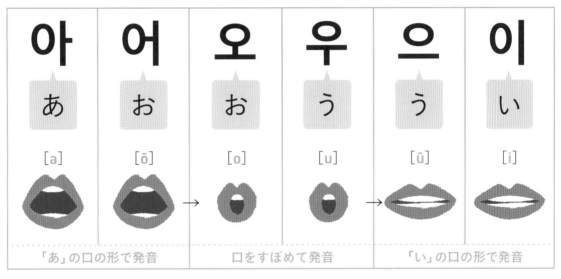

※2つある「お」と「う」は、それぞれ発音が微妙に異なりますが、ひらがなではその違いを表すことができません。
　ローマ字の発音表記では大きく口を開けて発音するほうの上に横棒をつけて、違いがわかるようにしています。

　韓国語の母音は、この基本の母音6つの組み合わせで、全部で21個の母音を作ります。例えば、p.10で紹介していた母音「え」は、基本の母音「お」の1つめと「い」の組み合わせでできています。

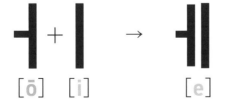

基本の6つを
覚えれば、
ほかの母音はその
バリエーションで
覚えられます

　こんな感じで基本の母音を組み合わせ、ほかのいろいろな
母音の音を作っていきます。

15

LESSON 4 「あ」「い」「お」と「さ」行

CD 2

 ### 音のない 子音 と、母音 「あ」「い」「お」

　まずは、韓国語の母音 ㅏ (a)、ㅣ (i)、ㅗ (o) を覚えましょう。これらを、音のない**子音 ㅇ** の
あとにくっつければ、日本語の母音「あ」「い」「お」にあたるハングルになります。

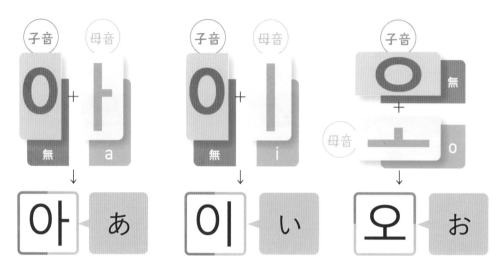

 ### 「さ」行の 子音

　次は、「さ」行の音になる**子音 ㅅ** (s) です。この子音と**母音** ㅏ (a)、ㅣ (i)、ㅗ (o) を組み合
わせれば、日本語の「さ」「し」「そ」の音のハングルになります。

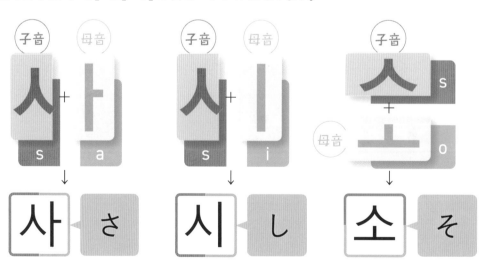

ここまでに覚えた子音と母音

子音	無 → ○	s → 人		m	n	b	k	t	p	ch						母音	a → ㅏ	i → ㅣ	o → ㅗ				

書いてみよう！

音のない子音と「さ」行の子音に、母音「あ」「い」「お」をつけた
ハングルを1字ずつ書いて覚えましょう。

あ

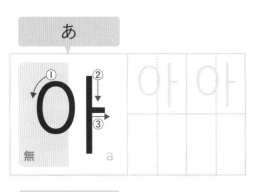

さ

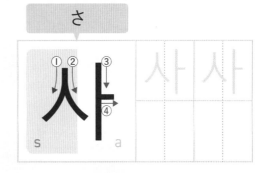

い

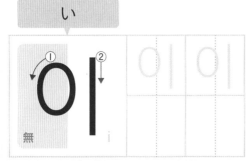

し

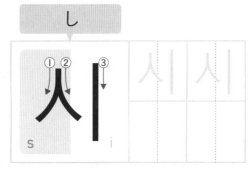

お

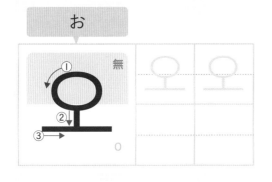

そ

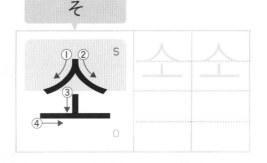

書き順の基本は
上から下、
左から右
です

1日目

基本の子音と母音をマスター

17

LESSON 5 「ま」行と「ら」行

CD 3

🐱 「ま」行の 子音

「ま」行の音になる**子音 ㅁ**（m）を覚えましょう。この子音と p.16 の**母音** ㅏ（a）、ㅣ（i）、ㅗ（o）を組み合わせれば、日本語の「ま」「み」「も」の音のハングルになります。

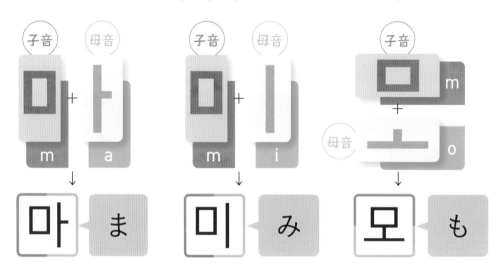

🐱 「ら」行の 子音

次は、「ら」行の音になる**子音 ㄹ**（l）です。この子音と p.16 の**母音** ㅏ（a）、ㅣ（i）、ㅗ（o）を組み合わせれば、日本語の「ら」「り」「ろ」の音のハングルになります。

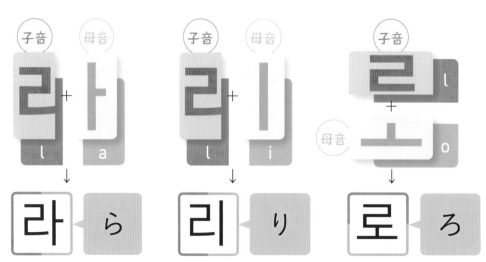

子音	無 → ○	s → 人	m → ㅁ	l → ㄹ									母音	a → ㅏ	i → ㅣ	o → ㅗ					

ここまでに覚えた**子音と母音**

 **書いてみよう！**

「ま」行の子音と「ら」行の子音に、母音「あ」「い」「お」をつけた
ハングルを１字ずつ書いて覚えましょう。

ま

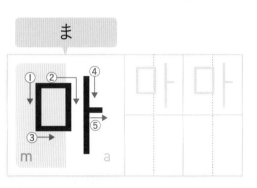

ら

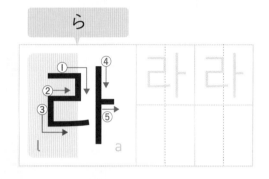

み

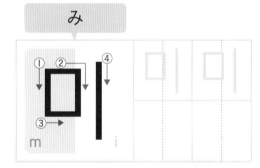

り

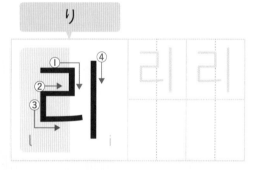

も

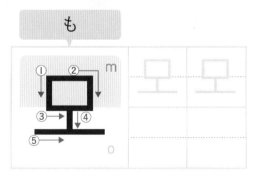

ろ

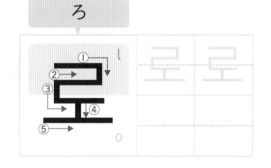

「ら」行の
子音の発音を
アルファベットで
表すには

[r（アール）]
ではなく
[l（エル）]を
使います

✏ 書いてみよう! 日本語をそのままハングルで書き表してみましょう。

CD 4

愛 **아** **이**
無 a / 無 i
あ / い
아 이

青 **아** **오**
無 a / 無 o
あ / お
아 오

朝 **아** **사**
無 a / s a
あ / さ
아 사

足 **아** **시**
無 a / s i
あ / し
아 시

阿蘇 **아** **소**
無 a / s o
あ / そ
아 소

磯 **이** **소**
無 i / s o
い / そ
이 소

竿 **사** **오**
s a / 無 o
さ / お
사 오

塩 **시** **오**
s i / 無 o
し / お
시 오

毬 **마리** m a / l i / ま り

味噌 **미소** m i / s o / み そ

森 **모리** m o / l i / も り

空 **소라** s o / l a / そ ら

色 **이로** 無 i / l o / い ろ

皿 **사라** s a / l a / さ ら

島 **시마** s i / m a / し ま

白 **시로** s i / l o / し ろ

2つの「う」を聞き分ける

2種類の 「う」

　韓国語の母音には、「う」、「え」、「お」が2つずつあります。ここではまず2種類の「う」を紹介します。

　母音 **ㅜ** [u] と **ㅡ** [ū] は、発音するときの口の開き方が違うので、同じ「う」でも発音が異なります。音のない **子音 ㅇ** をつけて、2つを比べてみましょう。

　※日本人が耳で区別するのは難しいですが、発音のコツさえわかれば、違いがわかるようになります。

発音のコツ

口を丸くすぼめて発音

★日本語の音をハングルで書く時はこちらを使います。

発音のコツ

口を横に広げて（「い」の口で）発音

★日本語の「す」は、こちらの母音を使って **스** と書きます。

　では、これまでに覚えたほかの子音と、母音 **ㅜ**、**ㅡ** を組み合わせてみましょう。ひらがなでは発音の違いを表せないので、口の形を意識し、CDをよく聞いて発音を確認してください。

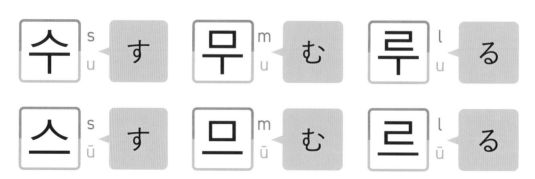

ここまでに覚えた**子音と母音**

子音	無	s	m	l										母音	a	i	o	u	ū			
	↓	↓	↓	↓											↓	↓	↓	↓	↓			
	ㅇ	ㅅ	ㅁ	ㄹ											ㅏ	ㅣ	ㅗ	ㅜ	ㅡ			

1日目

基本の子音と母音をマスター

✏ **書いてみよう!** 音のない子音と「さ」行・「ま」行・「ら」行の子音に、
2種類の母音「う」をつけたハングルを1字ずつ書いて覚えましょう。

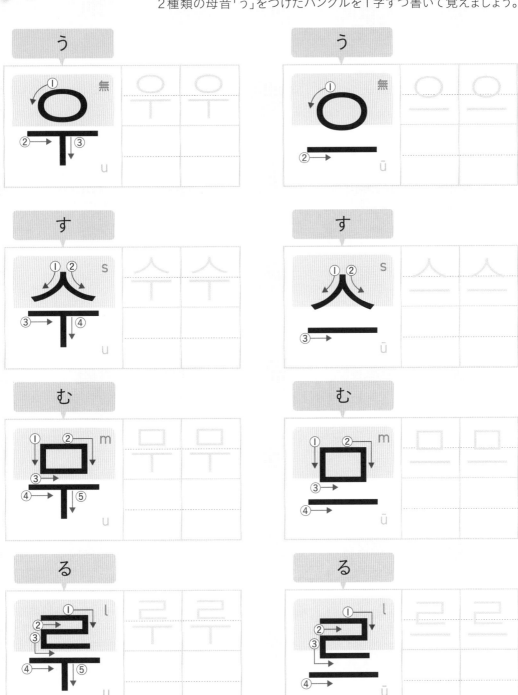

23

LESSON 7 2つの「お」を聞き分ける

2種類の 「お」

すでに**母音**⊥[o]を覚えましたが (p.16参照)、韓国語の母音にはもう1つの「お」＝ㅓ [ō] があります。

p.22で学んだ2種類の「う」と同様、発音するときの口の開き方が違うので、同じ「お」でも発音が異なります。音のない**子音 ㅇ** をつけて、2つを比べてみましょう。

発音のコツ

口を丸くすぼめて発音

★日本語の音をハングルで書く時はこちらを使います。

発音のコツ

口を広げて発音

力を入れずに自然に「お」と発音しましょう

では、これまでに覚えたほかの子音と、母音⊥、ㅓを組み合わせてみましょう。ひらがなでは発音の違いを表せないので、口の形を意識し、CDをよく聞いて発音を確認してください。

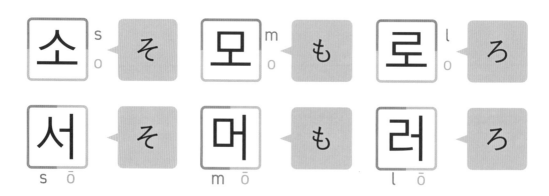

書いてみよう! 音のない子音と「さ」行・「ま」行・「ら」行の子音に、
2種類の母音「お」をつけたハングルを1字ずつ書いて覚えましょう。

25

2つの「え」は同じ発音

 ## 2種類の 母音 「え」

　韓国語の母音「え」も2種類ありますが、「う」「お」と違い、形は違っても発音は両方とも日本語の「え」と同じです。

　母音 ㅔ [e] は母音 ㅓ [ō] と ㅣ [i] を組み合わせたもので、母音 ㅐ [e] は母音 ㅏ [a] と ㅣ [i] を組み合わせたものです。音のない 子音 ㅇ をつけて、2つを比べてみましょう。

覚える時のポイント

日本語の「え」と同じ

ㅓ [ō] と ㅣ [i] を組み合わせた ㅔ [e]。日本語でも、「おそい (osoi)」→「おせえ (ose)」というように、o+i→e になります。

★日本語の音をハングルで書く時はこちらを使います。

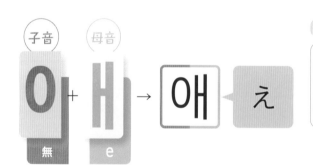

覚える時のポイント

日本語の「え」と同じ

ㅏ [a] と ㅣ [i] を組み合わせた ㅐ [e]。日本語でも、「うまい (umai)」→「うめえ (ume)」というように、a+i→e になります。

　では、これまでに覚えたほかの子音と、母音 ㅔ、ㅐ を組み合わせてみましょう。発音は同じなので、CDを聞きながら文字の違いを確認してください。

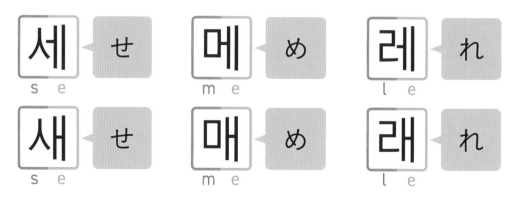

ここまでに覚えた**子音**と母音

子音	無	s	m	l						母音	a	i	o	u	ū	ō	e	e
	○	ㅅ	ㅁ	ㄹ							ㅏ	ㅣ	ㅗ	ㅜ	ㅡ	ㅓ	ㅔ	ㅐ

✏ 書いてみよう！

音のない子音と「さ」行・「ま」行・「ら」行の子音に、
2種類の母音「え」をつけたハングルを1字ずつ書いて覚えましょう。

書いてみよう！　ここまでに覚えた子音と基本の母音を組み合わせて
できるハングルがある韓国語の単語を書きましょう。

CD
9

私たち	우리 우리		

ウ リ

優秀	우수 우수		

ウ ス

修理	수리 수리		

ス リ

板の間	마루 마루		

マ ル

おば(母方)	이모 이모		

イ モ

ローマ　로마

ロ マ

オムライス　오므라이스

オ ム ラ イ ス

로마

오므라이스

28

基本の子音と母音をマスター

| 音 | 소 s o | 리 l i | | | | | |
| ソ | リ | | | | | | |

| 霜 | 서 s ō | 리 l i | | | | | |
| ソ | リ | | | | | | |

| 頭 | 머 m ō | 리 l i | | | | | |
| モ | リ | | | | | | |

| 縦 | 세 s e | 로 l o | | | | | |
| セ | ロ | | | | | | |

| メモ | 메 m e | 모 m o | | | | | |
| メ | モ | | | | | | |

| あさって | 모 m o | 레 l e | | | | | |
| モ | レ | | | | | | |

| 砂 | 모 m o | 래 l e | | | | | |
| モ | レ | | | | | | |

| 袖 | 소 s o | 매 m e | | | | | |
| ソ | メ | | | | | | |

「な」行（「ぬ」「ね」「の」は2種類）

「な」行の 子音

「な」行の音になる**子音** ㄴ [n] を覚えましょう。ここまでに覚えた**母音**を組み合わせてみます。「う」「え」「お」はそれぞれ2種類ずつありました。

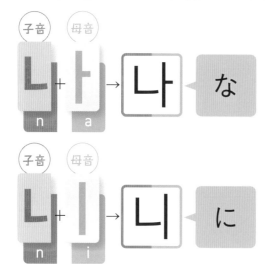

子音	母音		
ㄴ + ㅏ	→	나	な
n	a		

子音	母音		
ㄴ + ㅣ	→	니	に
n	i		

2つずつある
「ぬ」～「の」は
CDで微妙な
発音の違いを
確認！

★日本語の音をハングルで書く時はこちらを使います。

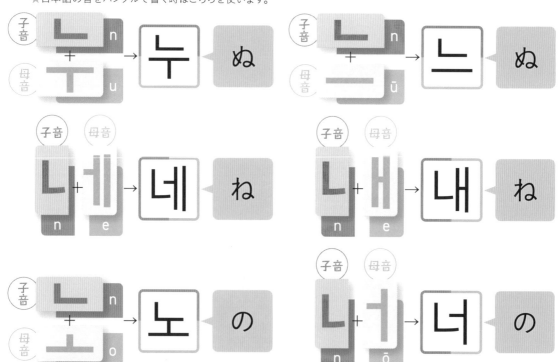

子音	n		
ㄴ +	→	누	ぬ
母音	u		

子音	n		
ㄴ +	→	느	ぬ
母音	ū		

子音	母音		
ㄴ + ㅔ	→	네	ね
n	e		

子音	母音		
ㄴ + ㅐ	→	내	ね
n	e		

子音	n		
ㄴ +	→	노	の
母音	o		

子音	母音		
ㄴ + ㅓ	→	너	の
n	ō		

子音	無	s	m	l	n	h	k	t	p	ch
	ㅇ	ㅅ	ㅁ	ㄹ	ㄴ	ㅎ	ㄱ	ㄷ	ㅂ	ㅈ

母音	a	i	o	u	u	ū	ō	e	e
	ㅏ	ㅣ	ㅗ	ㅜ	ㅡ	ㅓ	ㅐ	ㅔ	

書いてみよう！

「な」行の子音に、母音「あ」「い」「う」「え」「お」をつけたハングル
（「ぬ」「ね」「の」は2種類）を1字ずつ書いて覚えましょう。

な
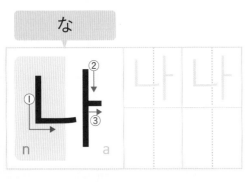

に
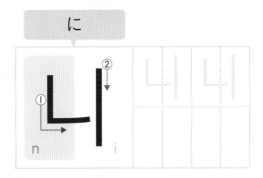

ぬ
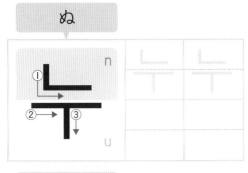

ぬ
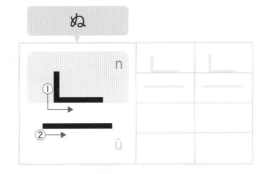

ね
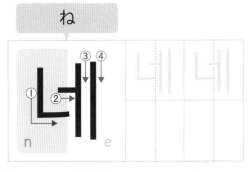

ね
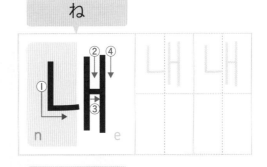

の
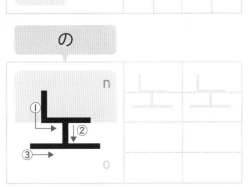

の
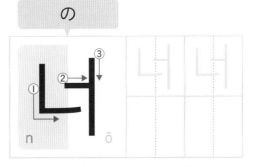

LESSON 10 「は」行（「ふ」「へ」「ほ」は2種類）

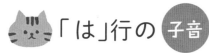

「は」行の 子音

「は」行の音になる**子音ㅎ**[h]を覚えましょう。ここまでに覚えた**母音**を組み合わせてみます。「う」「え」「お」はそれぞれ2種類ずつありました。

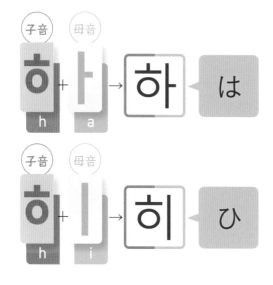

ㅎ[h] + ㅏ[a] → 하 は

ㅎ[h] + ㅣ[i] → 히 ひ

2つずつある
「ふ」～「ほ」は
CDで微妙な
発音の違いを
確認！

★日本語の音をハングルで書く時はこちらを使います。

ㅎ[h] + ㅜ[u] → 후 ふ

ㅎ[h] + ㅡ[ū] → 흐 ふ

ㅎ[h] + ㅖ[e] → 헤 へ

ㅎ[h] + ㅐ[e] → 해 へ

ㅎ[h] + ㅗ[o] → 호 ほ

ㅎ[h] + ㅓ[ō] → 허 ほ

書いてみよう！

「は」行の子音に、母音「あ」「い」「う」「え」「お」をつけたハングル（「ふ」「へ」「ほ」は2種類）を1字ずつ書いて覚えましょう。

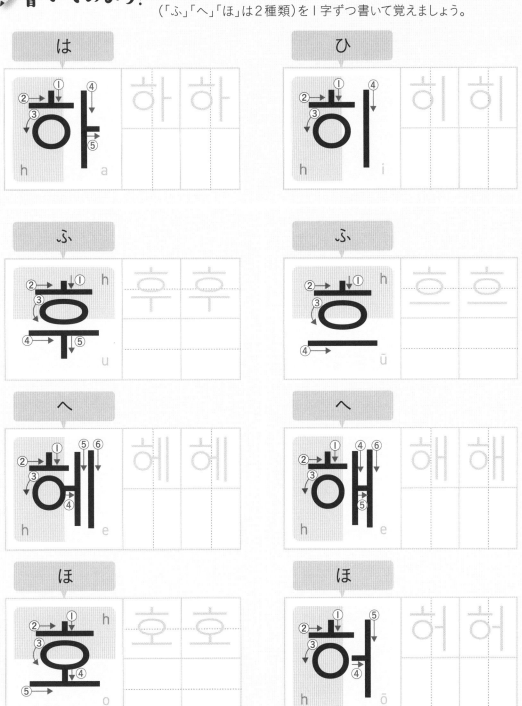

✎ 書いてみよう！ 「な」行と「は」行の子音と基本の母音を組み合わせて
できるハングルがある韓国語の単語を書きましょう。

| 国 | 나 라 | na la / ナ ラ | 나 라 |

| 男 | 사 내 | sa ne / サ ネ | 사 내 |

| マナー | 매 너 | me nō / メ ノ | 매 너 |

| 年齢 | 나 이 | na i(無) / ナ イ | 나 이 |

| 姉(弟から) | 누 나 | nu(n) na(n) / ヌ ナ | 누 나 |

| 歌 | 노 래 | no(n) le / ノ レ | 노 래 |

| お母さん | 어 머 니 | ō(無) mō ni / オ モ ニ | 어 머 니 |

1日目 基本の子音と母音をマスター

LESSON 11 「か」行（語中は「が」行）

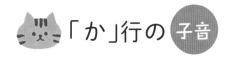 「か」行の 子音

　「か」行の音になる**子音ㄱ**を覚えましょう。この子音は語頭では「か」行[k]ですが、語中では濁って「が」行[g]の音になります。

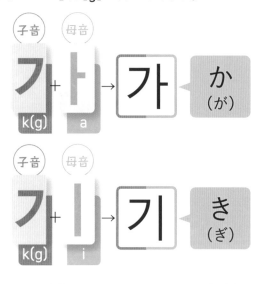

子音	母音		
가 (k(g))	ㅏ (a)	→ 가	か (が)
기 (k(g))	ㅣ (i)	→ 기	き (ぎ)

語頭と語中の発音の違い

●語頭の場合　고 무 = ゴム
語頭なので濁らない → ko コ　mu ム

●語中や語末の場合　사 고 = 事故
sa サ　go ゴ ←語末なので濁る

★日本語の音をハングルで書く時はこちらを使います。

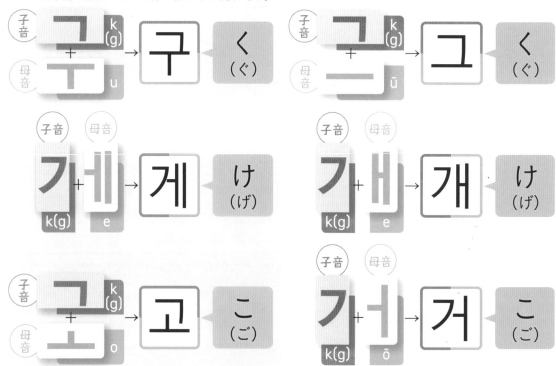

子音	母音		
구 (k(g))	ㅜ (u)	→ 구	く (ぐ)
그 (k(g))	ㅡ (ū)	→ 그	く (ぐ)
게 (k(g))	ㅔ (e)	→ 게	け (げ)
개 (k(g))	ㅐ (e)	→ 개	け (げ)
고 (k(g))	ㅗ (o)	→ 고	こ (ご)
거 (k(g))	ㅓ (ō)	→ 거	こ (ご)

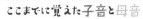

ここまでに覚えた **子音** と **母音**

子音	無	s	m	l	n	h	k	t	p	ch		母音	a	i	o	u	ū	ō	e	e
	↓	↓	↓	↓	↓	↓	↓						↓	↓	↓	↓	↓	↓	↓	↓
	○	ㅅ	ㅁ	ㄹ	ㄴ	ㅎ	ㄱ						ㅏ	ㅣ	ㅗ	ㅜ	ㅡ	ㅓ	ㅔ	ㅐ

書いてみよう!

「か」行の子音に、母音「あ」「い」「う」「え」「お」をつけたハングル
(「く」「け」「こ」は2種類)を1字ずつ書いて覚えましょう。

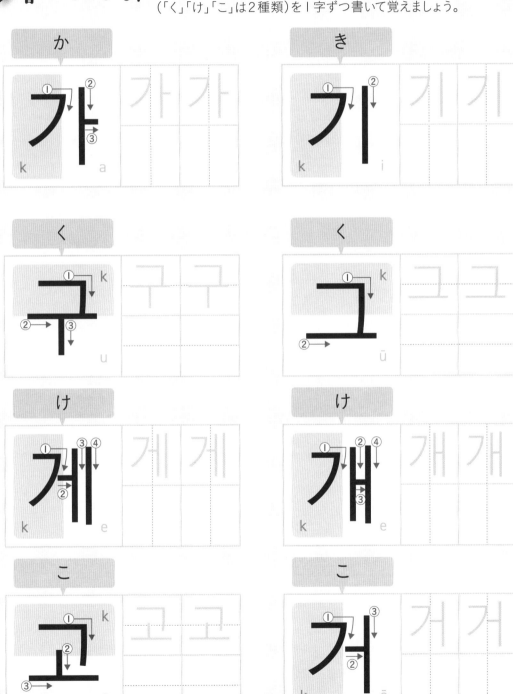

1日目

基本の子音と母音をマスター

37

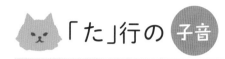 「た」行の 子音

　「た」行の音になる**子音 ㄷ [t]** を覚えましょう。この子音も語中では濁って「だ」行 [d] の音になります。

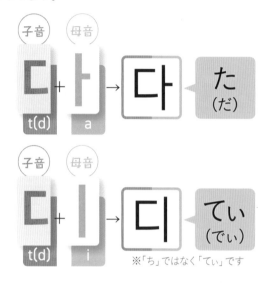

子音 母音
ㄷ + ㅏ → 다 → た（だ）
t(d)　a

子音 母音
ㄷ + ㅣ → 디 → てぃ（でぃ）
t(d)　i
※「ち」ではなく「てぃ」です

語頭と語中の発音の違い

● 語頭の場合　도 시 = 都市
語頭なので → to　si
濁らない　　ト　シ

● 語中や語末の場合　수 도 = 首都
su　do ← 語末なので濁る
ス　ド

★日本語の音をハングルで書く時はこちらを使います。

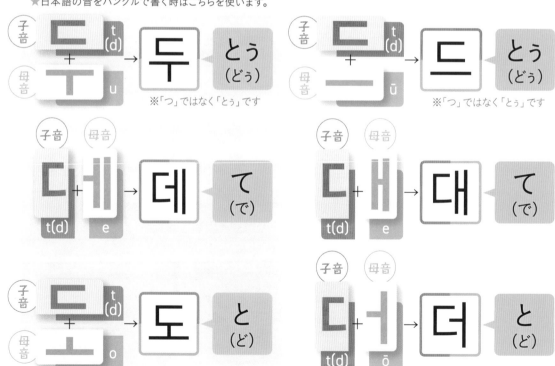

子音 ㄷ t(d)
＋
母音 ㅜ u
→ 두 → とぅ（どぅ）
※「つ」ではなく「とぅ」です

子音 ㄷ t(d)
＋
母音 ㅡ ū
→ ㄷ → とぅ（どぅ）
※「つ」ではなく「とぅ」です

子音 母音
ㄷ + ㅔ → 데 → て（で）
t(d)　e

子音 母音
ㄷ + ㅐ → 대 → て（で）
t(d)　e

子音 ㄷ t(d)
＋
母音 ㅗ o
→ 도 → と（ど）

子音 母音
ㄷ + ㅓ → 더 → と（ど）
t(d)　ō

ここまでに覚えた子音と母音

子音	無	s	m	l	n	h	k	t	p	ch	母音	a	i	o	u	ū	ō	e	e
	ㅇ	ㅅ	ㅁ	ㄹ	ㄴ	ㅎ	ㄱ	ㄷ				ㅏ	ㅣ	ㅗ	ㅜ	ㅡ	ㅓ	ㅔ	ㅐ

書いてみよう！

「た」行の子音に、母音「あ」「い」「う」「え」「お」をつけたハングル（「とぅ」「て」「と」は2種類）を1字ずつ書いて覚えましょう。

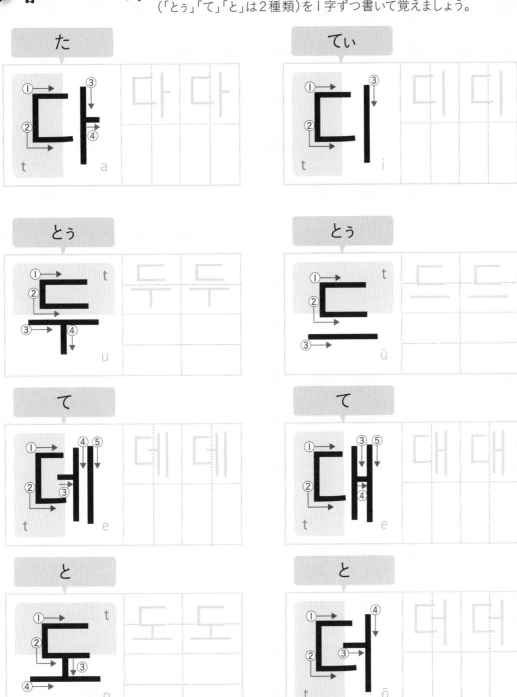

39

書いてみよう！ 「か」行と「た」行の子音と基本の母音を組み合わせて
できるハングルがある韓国語の単語を書きましょう。

歌手	가 _k_a 수 _s_u	가 수

カ ス

| 許可 | 허 _h_ō 가 _g_a | 허 가 |

ホ ガ

| 記事 | 기 _k_i 사 _s_a | 기 사 |

キ サ

| 詐欺 | 사 _s_a 기 _g_i | 사 기 |

サ ギ

| 店 | 가 _k_a 게 _g_e | 가 게 |

カ ゲ

距離 거 _k_ō 리 _l_i

コ リ

サツマイモ 고 _k_o 구 _g_u 마 _m_a

コ グ マ

거 리

고 구 마

橋、脚	다리	ta li	タ リ
期待	기대	ki de	キ デ
道路	도로	to lo	ト ロ
祈祷	기도	ki do	キ ド
靴	구두	ku du	ク ドゥ
リーダー	리더	li dō	リ ド
ついに	드디어	tū di ō	トゥ ディ オ

「ぱ」行の 子音

「ぱ」行の音になる**子音 ㅂ** [p] を覚えましょう。この子音も語中では濁って「ば」行 [b] の音になります。

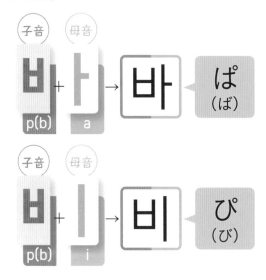

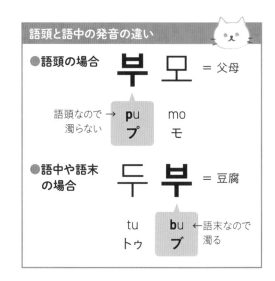

★日本語の音をハングルで書く時はこちらを使います。

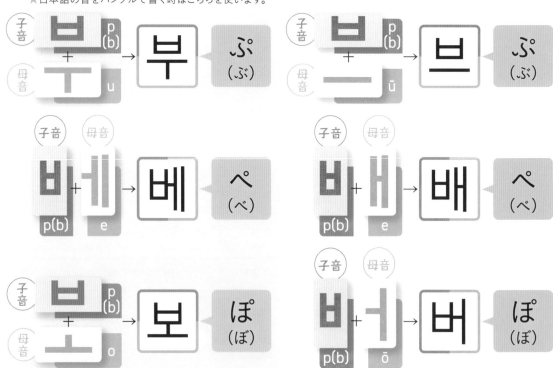

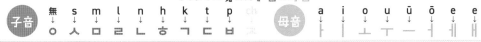

ここまでに覚えた子音と母音

子音	無	s	m	l	n	h	k	t	p	ch
	○↓	ㅅ↓	ㅁ↓	ㄹ↓	ㄴ↓	ㅎ↓	ㄱ↓	ㄷ↓	ㅂ↓	ㅊ↓

母音	a	i	o	u	ū	ō	e	e
	ㅏ↓	ㅣ↓	ㅗ↓	ㅜ↓	ㅡ↓	ㅓ↓	ㅐ↓	ㅔ↓

1日目

基本の子音と母音をマスター

✏ 書いてみよう！

「ぱ」行の子音に、母音「あ」「い」「う」「え」「お」をつけたハングル
（「ぷ」「ぺ」「ぽ」は2種類）を1字ずつ書いて覚えましょう。

ぱ

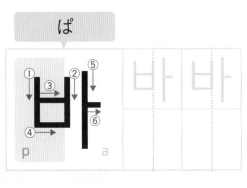

ぴ

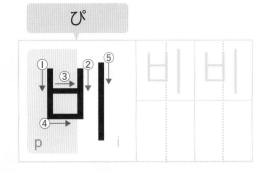

ぷ

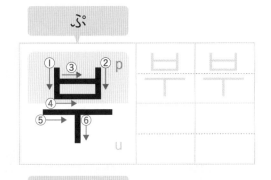

ぷ

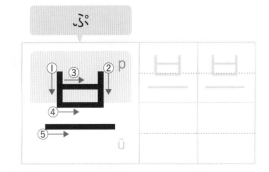

ぺ

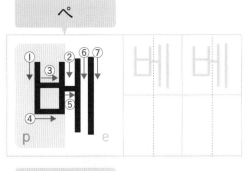

ぺ

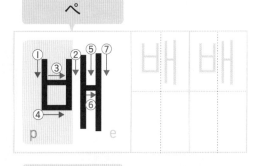

ぽ

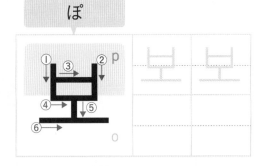

ぽ

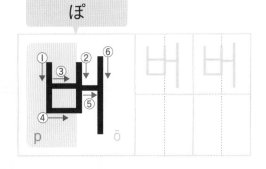

43

「ちゃ」行（語中は「じゃ」行）

「ちゃ」行の 子音

「ちゃ」行の音になる**子音ㅈ**[ch]を覚えましょう。この子音も語中では濁って「じゃ」行[j]の音になります。

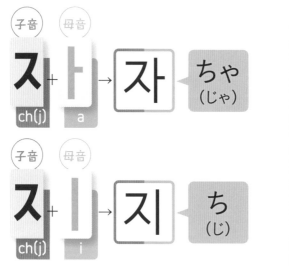

子音
ㅈ ch(j) + 母音 ㅏ a → 자 ◀ ちゃ（じゃ）

子音
ㅈ ch(j) + 母音 ㅣ i → 지 ◀ ち（じ）

語頭と語中の発音の違い

●語頭の場合　자 매 = 姉妹

語頭なので濁らない → **cha チャ** me メ

●語中や語末の場合　모 **자** = 帽子

mo モ **ja ジャ** ←語末なので濁る

★日本語の音をハングルで書く時はこちらを使います。

子音 ㅈ ch(j) + 母音 ㅜ u → 주 ちゅ（じゅ）

子音 ㅈ ch(j) + 母音 ㅡ ū → 즈 ちゅ（じゅ）

子音 ㅈ ch(j) + 母音 ㅔ e → 제 ちぇ（じぇ）

子音 ㅈ ch(j) + 母音 ㅐ e → 재 ちぇ（じぇ）

子音 ㅈ ch(j) + 母音 ㅗ o → 조 ちょ（じょ）

子音 ㅈ ch(j) + 母音 ㅓ ō → 저 ちょ（じょ）

ここまでに覚えた子音と母音

子音	無	s	m	l	n	h	k	t	p	ch	母音	a	i	o	u	ū	ō	e	e
	↓	↓	↓	↓	↓	↓	↓	↓	↓	↓		↓	↓	↓	↓	↓	↓	↓	↓
	ㅇ	ㅅ	ㅁ	ㄹ	ㄴ	ㅎ	ㄱ	ㄷ	ㅂ	ㅈ		ㅏ	ㅣ	ㅗ	ㅜ	ㅡ	ㅓ	ㅔ	ㅐ

書いてみよう！

「ちゃ」行の子音に、母音「あ」「い」「う」「え」「お」をつけたハングル（「ちゅ」「ちぇ」「ちょ」は2種類）を1字ずつ書いて覚えましょう。

書いてみよう！ 「ぱ」行と「ちゃ」行の子音と基本の母音を組み合わせて
できるハングルがある韓国語の単語を書きましょう。

海	바다
	pa da
	パ ダ

바다

夫婦	부부
	pu bu
	プ ブ

부부

バス	버스
	pō sū
	ポ ス

버스

枕	베개
	pe ge
	ペ ゲ

베개

後輩	후배
	hu be
	フ ベ

후배

ヒマワリ	해바라기
	he ba la gi
	ヘ バ ラ ギ

해바라기

ブラウニー	브라우니
	브 la u ni
	プ ラ ウ ニ

브라우니

住所	주소 ^{ch}^u ^s^o チュ ソ	주 소			
焼酎	소주 ^s^o ^j^u ソ ジュ	소 주			
地図	지도 ^{ch}ⁱ ^d^o チ ド	지 도			
ズボン	바지 ^p^a ^jⁱ パ ジ	바 지			
貝	조개 ^{ch}^o ^g^e チョ ゲ	조 개			
匙と箸	수저 ^s^u ^j^ō ス ジョ	수 저			
ゼロ	제로 ^{ch}^e ^l^o チェ ロ	제 로			
おととい	그제 ^k^ū ^j^e ク ジェ	그 제			

問 1 次のメモには、日本語をハングルで表したものが書いてあります。何と書いてあるかを読み取り、ハングル下の空欄にひらがなで記入してください。

①

아메가 후루노데

이에니 이소게

今度は、メモに対して返事を書きます。次の日本語をハングルに置き換え、空欄に記入してください。

②

「いま かえる」
↓

i	ma		ka	e	lu

語中の濁る音や
2つずつある
母音の使い分けに
注意！

問 ② もとが漢字の単語は、日本語と発音がよく似ているものがたくさんあります。
次の単語を読み取り、空欄に日本語訳（漢字）を記入してください。

① **도시** ② **가구** ③ **무리**

④ **사기** ⑤ **기소** ⑥ **무시**

問 ③ もとが英語の単語も、日本語のカタカナ語と発音がよく似ています。
次の単語を読み取り、空欄に日本語訳（カタカナ）を記入してください。

① **사우나**

② **라디오**

③ **드라마**

④ **서비스**

⑤ **메시지**

解答

問 ① ①あめが ふるので (a-me-ga hu-lu-no-de) いえに いそげ (i-e-ni i-so-ge)
②**이마 가에루** (i-ma ka-e-lu)

問 ② ①都市 (to-si) ②家具 (ka-gu) ③無理 (mu-li) ④詐欺 (sa-gi) ⑤起訴 (ki-so) ⑥無視 (mu-si)

問 ③ ①サウナ (sa-u-na) ②ラジオ (la-di-o) ③ドラマ (tū-la-ma) ④サービス (sō-bi-sū)
⑤メッセージ (me-si-ji)

基本のハングルをまとめて書こう！

ここまでで基本的な子音と母音がマスターできました。
次の表をうめて、ここまでに覚えたハングルをおさらい
しておきましょう。

母音を右に置くか
下に置くか
文字のバランス
にも注意

	ㅏ a	ㅓ ō	ㅗ o	ㅜ u	ㅡ ū	ㅣ i	ㅐ e	ㅔ e
ㄱ k(g)								
ㄴ n								
ㄷ t(d)								
ㄹ l								
ㅁ m								
ㅂ p(b)								
ㅅ s								
ㅇ (無)								
ㅈ ch(j)								
ㅎ h								

2日目

兄弟分 の 子音と母音を マスター

LESSON 1 「や」行の母音①

短い棒が2本ある 母音 「や」「ゆ」「よ」

日本語では「や[ya]」「ゆ[yu]」「よ[yo]」の「y」は子音扱いなので、「や」行は母音ではありませんが、韓国語では「や」行は母音です。すでに覚えた ㅏ[a]、ㅜ[u]、ㅗ[o]、ㅓ[ō] に短い棒がもう1本加わると「や」行の母音 ㅑ[ya]、ㅠ[yu]、ㅛ[yo]、ㅕ[yō] になります。

※もともと短い棒がない ㅡ[ū]、ㅣ[i] は「や」行になりません。

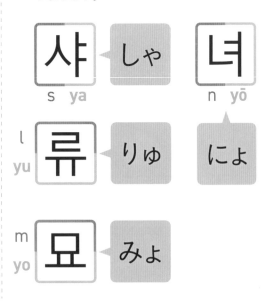

いろいろな子音と組み合わせてみましょう。

52

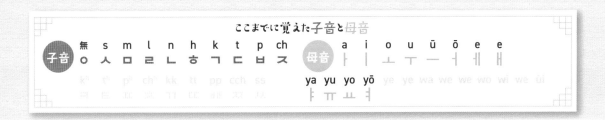

子音	無	s	m	l	n	h	k	t	p	ch		母音	a	i	o	u	ū	ō	e	e
	ㅇ	ㅅ	ㅁ	ㄹ	ㄴ	ㅎ	ㄱ	ㄷ	ㅂ	ㅈ			ㅏ	ㅣ	ㅗ	ㅜ	ㅡ	ㅓ	ㅔ	ㅐ
	kʰ	tʰ	pʰ	chʰ	kk	tt	pp	cch	ss				ya	yu	yo	yō	ye	ye	wa	we
	ㅋ	ㅌ	ㅍ	ㅊ	ㄲ	ㄸ	ㅃ	ㅉ	ㅆ				ㅑ	ㅠ	ㅛ	ㅕ				

✏️ 書いてみよう!

音のない子音とその他の子音に、「や」行の母音をつけたハングル（「よ」は2種類）を1字ずつ書いて覚えましょう。

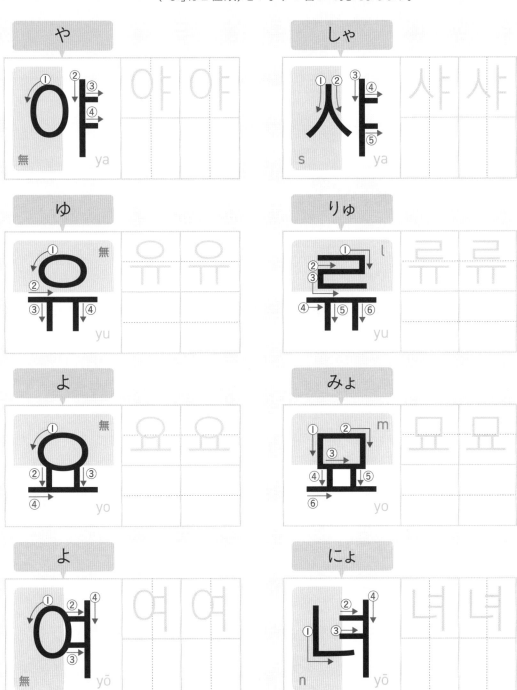

53

短い棒が2本ある 母音 「いぇ」

p.26で覚えた母音 ㅔ [e] / ㅐ (e]も、短い棒がもう1本加わると「や」行の母音 ㅖ [ye] / ㅒ [ye]になります。

母音 ㅖ / ㅒ は、組み合わせられる子音が限られています。また、ㅇ 以外の子音と組み合わせた時の発音は、「y」が省略されることが多いです。

ここまでに覚えた子音と母音

子音	無	s	m	l	n	h	k	t	p	ch
	ㅇ	ㅅ	ㅁ	ㄹ	ㄴ	ㅎ	ㄱ	ㄷ	ㅂ	ㅈ
	k°	t°	p°	ch°	kk	tt	pp	cch	ss	
	ㅋ	ㅌ	ㅍ	ㅊ	ㄲ	ㄸ	ㅃ	ㅉ	ㅆ	

母音	a	i	o	u	o	ū	ō	e	e
	ㅏ	ㅣ	ㅗ	ㅜ	ㅡ	ㅓ	ㅔ	ㅐ	
	ya	yu	yo	yō	ye	ye	wa	we	we	we	wi	wi	we	ū
	ㅑ	ㅠ	ㅛ	ㅕ	ㅖ	ㅒ								

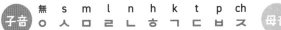

✏️ 書いてみよう！

音のない子音とその他の子音に、2種類の母音「いぇ」をつけた
ハングルを1字ずつ書いて覚えましょう。

いぇ

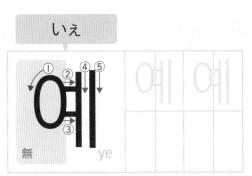

いぇ

れ

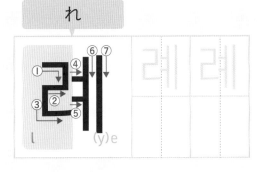

せ

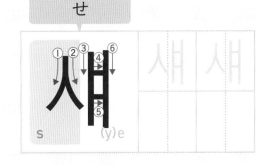

へ

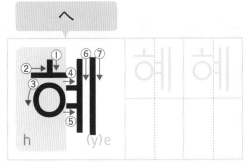

ちぇ

日本語の
「や」行は
「や」「ゆ」「よ」
だけど

韓国語では
「いぇ」も
「や」行で母音
なのだ

55

書いてみよう！

基本の子音と「や」行の母音を組み合わせたハングルがある単語を書きましょう。

稲	벼 p yō ピョ
牛乳	우 u 유 yu ウ ユ
野球	야 ya 구 g u ヤ グ
女子	여 yō 자 j a ヨ ジャ
教授	교 k yo 수 s u キョ ス
からし	겨 k yō 자 j a キョ ジャ
書類	서 s ō 류 l yu ソ リュ
休暇	휴 h yu 가 g a ヒュ ガ

2日目

兄弟分の子音と母音をマスター

例	**예** 無 ye イェ	
この子	**걔** k (y)e ケ	
予報	**예** 無 ye イェ	**보** b o ボ
陶芸	**도** t o ト	**예** 無 ye イェ
機械	**기** k i キ	**계** g (y)e ゲ
世界	**세** s e セ	**계** g (y)e ゲ
事例	**사** s a サ	**례** l (y)e レ
知恵	**지** ch i チ	**혜** h (y)e ヘ

「わ」行の母音①

🐱 2つの母音の組み合わせ　母音「わ」「うぇ」

　「や」行の「y」と同様、「わ」行の「w」も日本語では子音扱いですが、韓国語では母音です。2つの母音を組み合わせて表します。

　まず、母音ㅗ[o]にもう1つ母音を加えてできる「わ」行の母音ㅘ[wa] / ㅚ[we] / ㅙ[we]を見てみましょう。

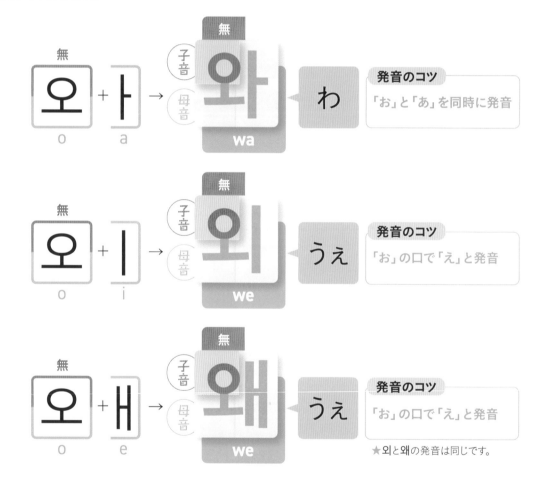

	発音のコツ
오 + ㅏ → 와 [wa] わ	「お」と「あ」を同時に発音
오 + ㅣ → 외 [we] うぇ	「お」の口で「え」と発音
오 + ㅐ → 왜 [we] うぇ	「お」の口で「え」と発音

★외と왜の発音は同じです。

いろいろな子音と組み合わせてみましょう。

k 과 [wa] くぁ	s 쇠 [we] すぇ	t 돼 [we] とぇ

ここまでに覚えた子音と母音

子音	無	s	m	l	n	h	k	t	p	ch	母音	a	i	o	u	ū	ō	e
	ㅇ	ㅅ	ㅁ	ㄹ	ㄴ	ㅎ	ㄱ	ㄷ	ㅂ	ㅈ		ㅏ	ㅣ	ㅗ	ㅜ	ㅡ	ㅓ	ㅔ

| kʰ | tʰ | pʰ | chʰ | kk | tt | pp | cch | ss | | ya | yu | yo | yō | ye | ye | wa | we | we | wo | wi | we | ū |

ㅋ ㅌ ㅍ ㅊ ㄲ ㄸ ㅃ ㅉ ㅆ | ㅑ ㅠ ㅛ ㅕ ㅒ ㅖ ㅘ ㅙ

✏ 書いてみよう！

音のない子音とその他の子音に、「わ」行の母音をつけたハングル（「うぇ」は2種類）を1字ずつ書いて覚えましょう。

わ
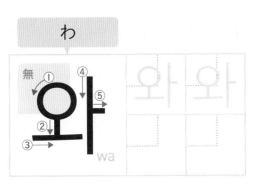

くあ
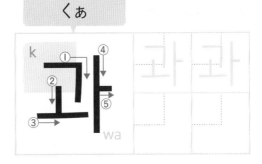

うぇ
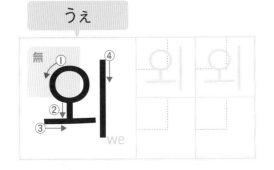

すぇ
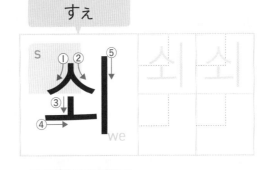

うぇ
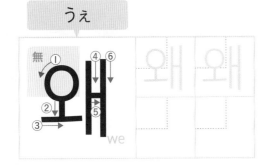

とぇ
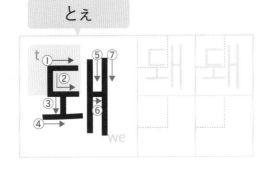

2つの母音の
組み合わせで
できている
「わ」行の母音

最初の子音は
左上に
ちょこんと
のせる感じで

2日目

兄弟分の子音と母音をマスター

LESSON 4 「わ」行の母音②

CD
28

2つの母音の組み合わせ 母音 「うぉ」「うぃ」「うぇ」

次は、母音 ㅜ [u] にもう1つ母音を加えててできる「わ」行の母音 ㅝ [wo] / ㅟ [wi] / ㅞ [we] です。組み合わされている2つの母音を同時に発音すればOKです。

無
子音 → 無
母音
우 [u] + ㅓ [ō] → 워 wo うぉ

発音のコツ
「う」と「お」を同時に発音

無
子音 → 無
母音
우 [u] + ㅣ [i] → 위 wi うぃ

発音のコツ
「う」と「い」を同時に発音

無
子音 → 無
母音
우 [u] + ㅔ [e] → 웨 we うぇ

発音のコツ
「う」の口で「え」と発音

★웨 [we] は外来語でよく使われます。

いろいろな子音と組み合わせてみましょう。

ch 줘 ちゅぉ
wo

s 쉬 すぃ
wi

k 궤 くぇ
we

ここまでに覚えた子音と母音																			
子音	無	s	m	l	n	h	k	t	p	ch	母音	a	i	o	u	ū	ō	e	e
	ㅇ	ㅅ	ㅁ	ㄹ	ㄴ	ㅎ	ㄱ	ㄷ	ㅂ	ㅈ		ㅏ	ㅣ	ㅗ	ㅜ	ㅡ	ㅓ	ㅔ	ㅐ
	kʼ	tʼ	pʼ	chʼ	kk	tt	pp	cch	ss			ya	yu	yo	yō	ye	ye	wa	we	we	wo	wi	we
	ㅋ	ㅌ	ㅍ	ㅊ	ㄲ	ㄸ	ㅃ	ㅉ	ㅆ			ㅑ	ㅠ	ㅛ	ㅕ	ㅖ	ㅒ	ㅘ	ㅚ	ㅙ	ㅝ	ㅟ	ㅞ

書いてみよう！

音のない子音やその他の子音に、「わ」行の母音をつけたハングルを1字ずつ書いて覚えましょう。

うぉ

ちゅお

うぃ

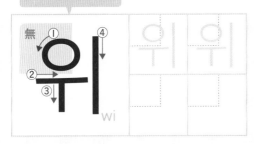

すぃ

うぇ

くぇ

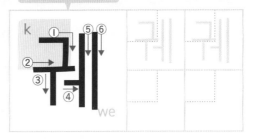

2日目

兄弟分の子音と母音をマスター

日本語の
「わ」行は
「わ」
だけだけど

韓国語では
「うぃ」「うぇ」
「うぉ」も
「わ」行で母音
なのです

「わ」行の母音③

「わ」行でも音が混ざらない 母音 「うぃ」

　韓国語の母音は全部で21個あります。最後に覚えるのは、母音ー[ū]と│[i]を組み合わせた母音ㅢ[ūi]です。「わ」行は2つの母音が混ざり合う音でしたが、ーと│は混ざり合いません。2つの母音を続けて素早く発音します。

발음のコツ
「い」の口で
[ū]と[i]を連続して発音

　[ūi]と発音するのは、子音 ㅇ と組み合わせた의が単語の1文字目にある場合です。

= 医師

ウィ　サ

　ㅢが2文字目以降にある場合は、│[i]と発音してもかまいません。

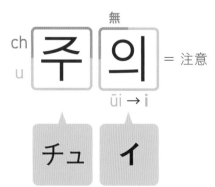

= 注意

チュ　イ

　ㅇ以外の子音とㅢを組み合わせた場合は、語頭でも語中でも│[i]で発音されます。

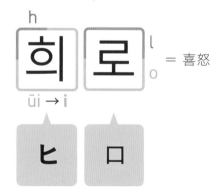

= 喜怒

ヒ　ロ

ここまでに覚えた子音と母音

子音	無	s	m	l	n	h	k	t	p	ch		母音	a	i	o	u	ū	ō	e	e
	ㅇ	ㅅ	ㅁ	ㄹ	ㄴ	ㅎ	ㄱ	ㄷ	ㅂ	ㅈ			ㅏ	ㅣ	ㅗ	ㅜ	ㅡ	ㅓ	ㅐ	ㅔ

kʰ	tʰ	pʰ	chʰ	kk	tt	pp	cch	ss
ㅋ	ㅌ	ㅍ	ㅊ	ㄲ	ㄸ	ㅃ	ㅉ	ㅆ

ya yu yo yō ye ye wa we we wo wi we ūi
ㅑ ㅠ ㅛ ㅕ ㅖ ㅒ ㅘ ㅙ ㅚ ㅝ ㅟ ㅞ ㅢ

書いてみよう！

音のない子音に母音「うぃ」をつけたハングルと、
母音「うぃ」のある単語を書いて覚えましょう。

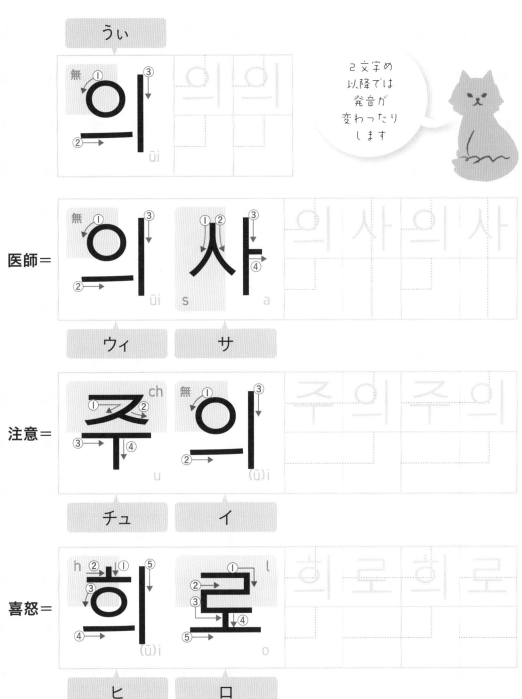

うぃ

無 ① ③ ②
의
ūi

2文字め以降では発音が変わったりします

医師＝

無 ① ③ ② ① ② ③ ④
의 사
ūi s a

ウィ　　サ

注意＝

ch ① ② ③ ④ 無 ① ③ ②
주 의
u (ū)i

チュ　　イ

喜怒＝

h ② ① ⑤ ③ ④ ① l ② ③ ④ ⑤
희 로
(ū)i o

ヒ　　ロ

63

書いてみよう！

基本の子音と「わ」行との母音を組み合わせたハングルがある単語を書きましょう。

過去	k 과 거 ḡō	과 거			
	wa / クァ ゴ				
火災	h 화 재 je	화 재			
	wa / ファ ジェ				
左右	ch 좌 우 無u	좌 우			
	wa / チュァ ウ				
外交	無 외 교 g yo	외 교			
	we / ウェ ギョ				
機会	기 h 회	기 회			
	k i we / キ フェ				
頭脳	t 두 n 뇌 we	두 뇌			
	u / トゥ ヌェ				
豚	t 돼 지 ji	돼 지			
	we / トェ ジ				
シャワー	샤 無 워 wo	샤 워			
	s ya / シャ ウォ				

CD 30

64

激音①強く吐き出す「か」行

 げき おん

 ## 息を強く吐き出す子音

　子音 ㄱ, ㄷ, ㅂ, ㅈ にはそれぞれ兄弟分の子音の**激音**があります。激音というのは、息を強く吐き出す音です。ㄱ, ㄷ, ㅂ, ㅈ は語中で濁りますが、激音は語中で濁りません。

　※ローマ字ではこの強い息を上付きの小さな「h」で書き表します。

 ## 「か」行の 激音

　「か」行の子音 ㄱ (p.36参照) に線を1本加えると、**激音 ㅋ (kʰ)** になります。母音 ㅏ [a] をつけた **카[kʰa]** は、「か」を発音しながら「は」の音も一緒に出しているような音になります。

　ㄱ は語中で濁って「が」行の音になりましたが、ㅋ は語中でも濁りません。

　「か」行の激音と母音「あ」「い」「う」「え」「お」の組み合わせを、まとめて確認しましょう。

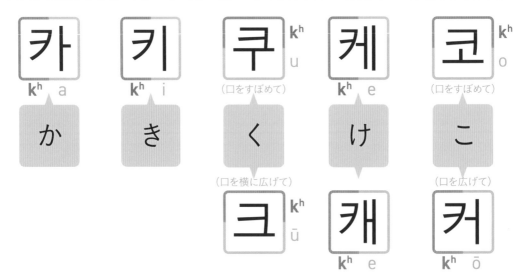

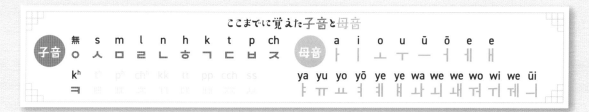

ここまでに覚えた子音と母音

子音	無	s	m	l	n	h	k	t	p	ch	母音	a	i	o	u	ū	ō	e	e
	○	ㅅ	ㅁ	ㄹ	ㄴ	ㅎ	ㄱ	ㄷ	ㅂ	ㅈ		ㅏ	ㅣ	ㅗ	ㅜ	ㅡ	ㅓ	ㅐ	ㅔ

	kʰ	tʼ	pʰ	chʰ	kk	tt	pp	cch	ss		ya	yu	yo	yō	ye	ye	wa	we	we	wo	wi	we	ūi
	ㅋ	ㄸ	ㅍ	ㅊ	ㄲ	ㄸ	ㅃ	ㅉ	ㅆ		ㅑ	ㅠ	ㅛ	ㅕ	ㅖ	ㅒ	ㅘ	ㅙ	ㅞ	ㅝ	ㅟ	ㅞ	ㅢ

書いてみよう！ 「か」行の激音（「く」「け」「こ」は2種類）を書いて覚えましょう。

67

LESSON 7 激音②強く吐き出す「た」行 ^{CD}33

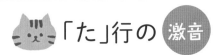 「た」行の 激音

「た」行（た、てぃ、とぅ、て、と）の子音 ㄷ（p.38参照）に線を1本加えると、激音 ㅌ [tʰ] になります。母音 ㅏ [a] をつけた 타 [tʰa] は、「た」の音とともに強く息を吐き出すため、「た」を発音しながら「は」の音も一緒に出しているような音になります。

ㄷ は語中で濁って「だ」行の音になりましたが、ㅌ は語中でも濁りません。

「た」行の激音と母音「あ」「い」「う」「え」「お」の組み合わせを、まとめて確認しましょう。

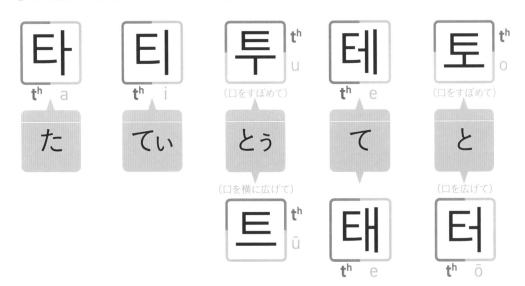

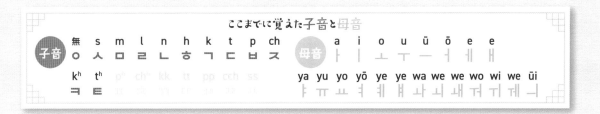

ここまでに覚えた**子音**と**母音**

子音	無	s	m	l	n	h	k	t	p	ch
	ㅇ	ㅅ	ㅁ	ㄹ	ㄴ	ㅎ	ㄱ	ㄷ	ㅂ	ㅈ

母音	a	i	o	u	ū	ō	e	e
	ㅏ	ㅣ	ㅗ	ㅜ	ㅡ	ㅓ	ㅔ	ㅐ

kʰ	tʰ	pʰ	chʰ	kk	tt	pp	cchʰ	ss
ㅋ	ㅌ							

ya	yu	yo	yō	ye	ye	wa	we	we	wo	wi	we	ūi
ㅑ	ㅠ	ㅛ		ㅖ	ㅒ	ㅘ	ㅙ	ㅞ	ㅝ	ㅟ	ㅞ	ㅢ

書いてみよう！
「た」行の激音（「とぅ」「て」「と」は2種類）を書いて覚えましょう。

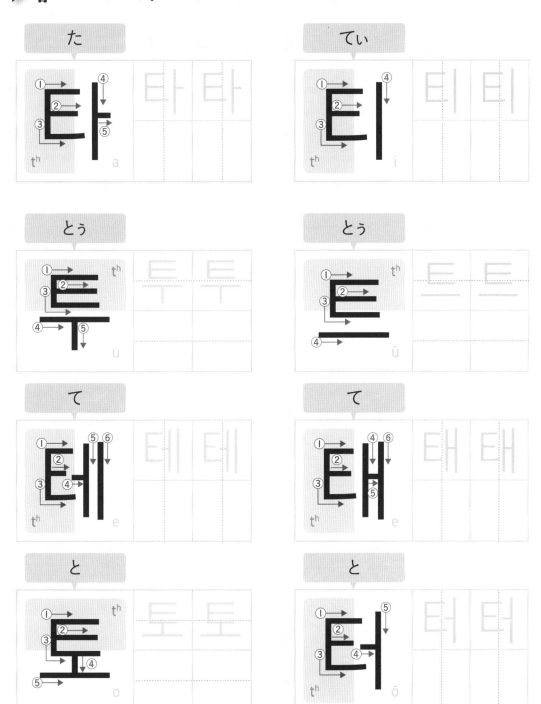

た — tʰ a

てぃ — tʰ i

とぅ — tʰ u

とぅ — tʰ ū

て — tʰ e

て — tʰ e

と — tʰ o

と — tʰ ō

鼻 **코** k^h o
コ

甥・姪 **조** ch^h o **카** k^h a
チョ カ

スキー **스** s ū **키** k^h i
ス キ

キューバ **쿠** k^h u **바** b a
ク バ

大きさ **크** k^h ū **기** g i
ク ギ

クイズ **퀴** k^h wi **즈** j ū
クィ ジュ

ノック **노** n o **크** k^h ū
ノ ク

ジョーカー **조** ch^h o **커** k^h ō
チョ コ

バッター
타 자
th a / j a
タ　ジャ

ピッチャー
투 수
th u / s u
トゥ　ス

態度
태 도
th e / d o
テ　ド

浮き輪
튜 브
th yu / b ū
トュ　ブ

テレビ(TV)
티 비
th i / b i
ティ　ビ

テニス
테 니 스
th e / n i / s ū
テ　ニ　ス

トマト
토 마 토
th o / m a / th o
ト　マ　ト

LESSON 8 激音③強く吐き出す「ぱ」行 CD 36

「ぱ」行の 激音

「ぱ」行の子音 ㅂ (p.42参照) の形をちょっと変えると、激音 ㅍ [pʰ] になります。母音 ㅏ [a] をつけた 파[pʰa] は、「ぱ」の音とともに強く息を吐き出すため、「ぱ」を発音しながら「は」の音も一緒に出しているような音になります。

ㅂ は語中で濁って「ば」行の音になりましたが、ㅍ は語中でも濁りません。

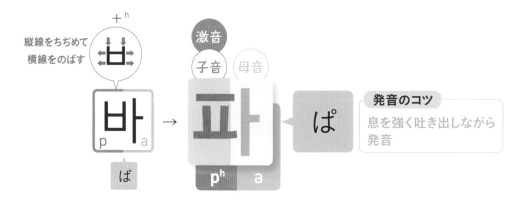

「ぱ」行の激音と母音「あ」「い」「う」「え」「お」の組み合わせを、まとめて確認しましょう。

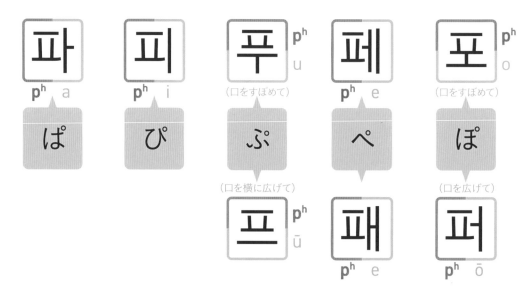

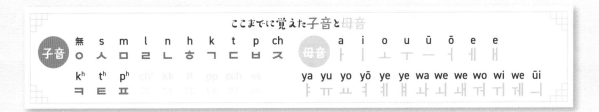

✏️ 書いてみよう！

「ぱ」行の激音（「ぷ」「ぺ」「ぽ」は2種類）を書いて覚えましょう。

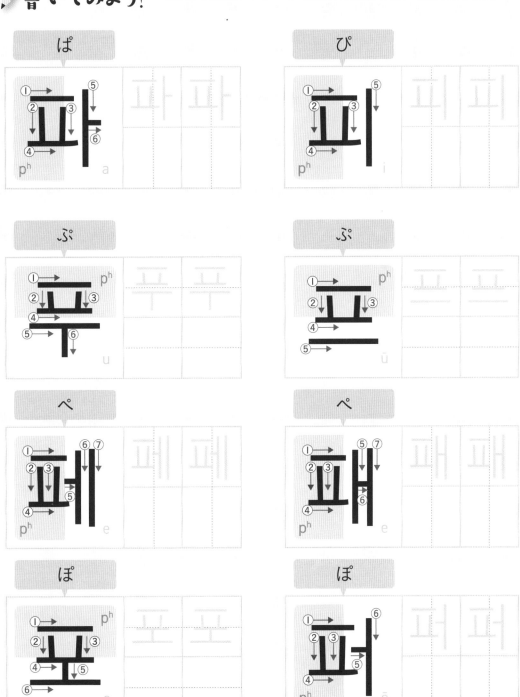

73

LESSON 9 激音④強く吐き出す「ちゃ」行 ^{CD}37

「ちゃ」行の 激音

「ちゃ」行の子音**ス**（p.44参照）の上に点をひとつつけると、**激音ᄎ**[chʰ]になります。母音 **ㅏ**[a]をつけた**차**[chʰa]は、「ちゃ」の音とともに強く息を吐き出すため、「ちゃ」を発音しながら「は」の音も一緒に出しているような音になります。

スは語中で濁って「じゃ」行の音になりましたが、**ᄎ**は語中でも濁りません。

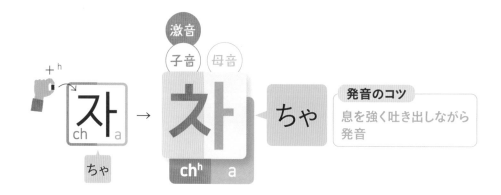

発音のコツ
息を強く吐き出しながら
発音

「ちゃ」行の激音と母音「あ」「い」「う」「え」「お」の組み合わせを、まとめて確認しましょう。

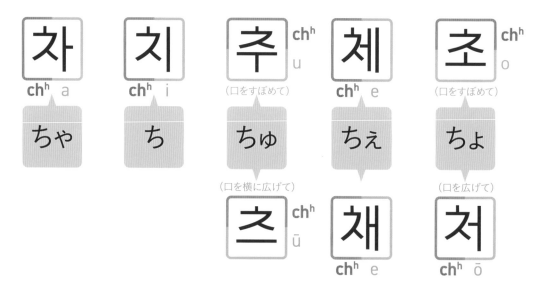

74

ここまでに覚えた子音と母音

子音	無	s	m	l	n	h	k	t	p	ch
	○	ㅅ	ㅁ	ㄹ	ㄴ	ㅎ	ㄱ	ㄷ	ㅂ	ㅈ
	k^h	t^h	p^h	ch^h		kk	tt	pp	cch	ss
	ㅋ	ㅌ	ㅍ	ㅊ		ㄲ	ㄸ	ㅃ	ㅉ	ㅆ

母音	a	i	o	u	ū	ō	e	e
	ㅏ	ㅣ	ㅗ	ㅜ	ㅡ	ㅓ	ㅔ	ㅐ
	ya	yu	yo	yō	ye	ye	wa	we	we	wo	wi	we	ūi
	ㅑ	ㅠ	ㅛ	ㅕ	ㅖ	ㅒ	ㅘ	ㅚ	ㅙ	ㅝ	ㅟ	ㅞ	ㅢ

✏️ 書いてみよう！ 「ちゃ」行の激音（「ちゅ」「ちぇ」「ちょ」は2種類）を書いて覚えましょう。

ちゃ
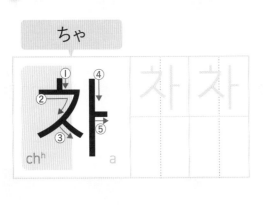

ち
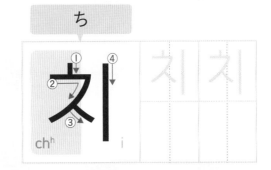

ちゅ
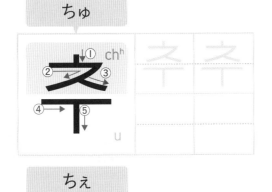

ちゅ
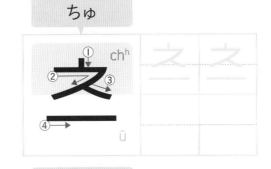

ちぇ

ちぇ

ちょ
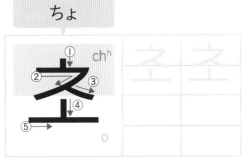

ちょ
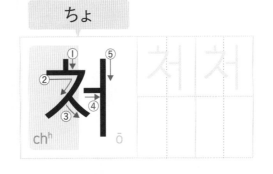

2日目 兄弟分の子音と母音をマスター

75

書いてみよう！

「ぱ」行または「ちゃ」行の激音と母音を組み合わせた
ハングルがある単語を書きましょう。

CD **38**

波	파 (pʰa) 도 (do) パ ド
皮膚	피 (pʰi) 부 (bu) ピ ブ
笛	피 (pʰi) 리 (li) ピ リ
スープ	수 (su) 프 (pʰū) ス プ
食べ放題	뷔 (wi) 페 (pʰe) プゥィ ペ
ブドウ	포 (pʰo) 도 (do) ポ ド
小包	소 (so) 포 (pʰo) ソ ポ
ラッパー	래 (le) 퍼 (pʰō) レ ポ

	韓国語	書き取り練習
汽車	기차 (k i / chʰ a) キ チャ	기 차
スカート	치마 (chʰ i / m a) チ マ	치 마
基礎	기초 (k i / chʰ o) キ チョ	기 초
治療	치료 (chʰ i / l yo) チ リョ	치 료
寒さ	추위 (chʰ u / 無 wi) チュ ウィ	추 위
野菜	야채 (無 ya / chʰ e) ヤ チェ	야 채
最高	최고 (chʰ we / g o) チェ ゴ	최 고
趣味	취미 (chʰ wi / m i) チュィ ミ	취 미

2日目　兄弟分の子音と母音をマスター

LESSON 10 濃音①詰まる音の「か」行

CD
40

 ## 喉を緊張させて発音する子音

子音 ㄱ, ㄷ, ㅂ, ㅈ, ㅅ にはそれぞれ、激音とは別の兄弟分の**濃音**があります。濃音というのは、息を強く出さず、喉を緊張させて出す音です。激音と同様、濃音も語中で濁りません。

※ローマ字では喉を緊張させて出すこの音を、子音を2つ重ねて書き表します。

 ## 「か」行の

「か」行の子音 ㄱ（p.36参照）を2つ重ねると、**濃音 ㄲ（kk）**になります。喉を緊張させて締めながら出す音のため、母音 ㅏ [a] をつけた **까**[kka] の音は、小さい「っ」をつけて「っか」と発音します。ㄱ は語中で濁って「が」行の音になりましたが、ㄲ は語中でも濁りません。

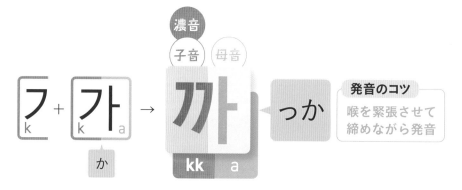

「か」行の濃音と母音「あ」「い」「う」「え」「お」の組み合わせを、まとめて確認しましょう。

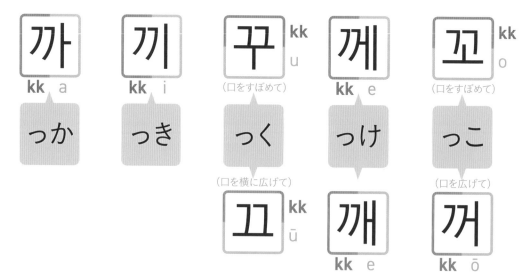

78

ここまでに覚えた子音と母音

子音	無	s	m	l	n	h	k	t	p	ch		母音	a	i	o	u	ū	ō	e	e
	ㅇ	ㅅ	ㅁ	ㄹ	ㄴ	ㅎ	ㄱ	ㄷ	ㅂ	ㅈ			ㅏ	ㅣ	ㅗ	ㅜ	ㅡ	ㅓ	ㅔ	ㅐ

	k^h	t^h	p^h	ch^h	kk			ya	yu	yo	yō	ye	ye	wa	we	we	wo	wi	we	ūi
	ㅋ	ㅌ	ㅍ	ㅊ	ㄲ			ㅑ	ㅠ	ㅛ	ㅕ	ㅖ	ㅒ	ㅘ	ㅙ	ㅚ	ㅝ	ㅟ	ㅞ	ㅢ

✏ 書いてみよう！ 「か」行の濃音（「っく」「っけ」「っこ」は2種類）を書いて覚えましょう。

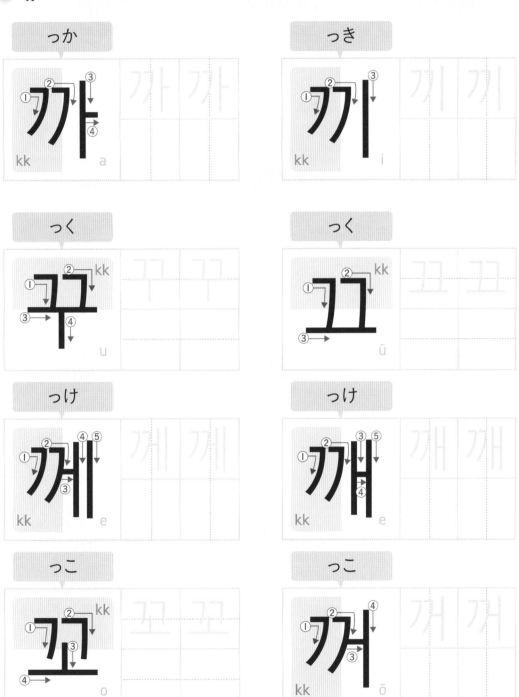

濃音②詰まる音の「た」行

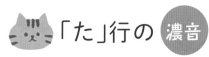

「た」行の 濃音

「た」行（た、てぃ、とぅ、て、と）の子音 ㄷ（p.38 参照）を2つ重ねると、**濃音 ㄸ [tt]** になります。喉を緊張させて締めながら出す音のため、母音 ㅏ [a] をつけた **따[tta]** の音は、小さい「っ」をつけて「った」と発音します。

ㄷ は語中で濁って「だ」行の音になりましたが、ㄸ は語中でも濁りません。

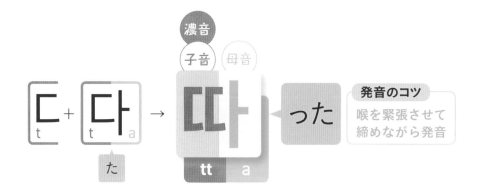

「た」行の濃音と母音「あ」「い」「う」「え」「お」の組み合わせを、まとめて確認しましょう。

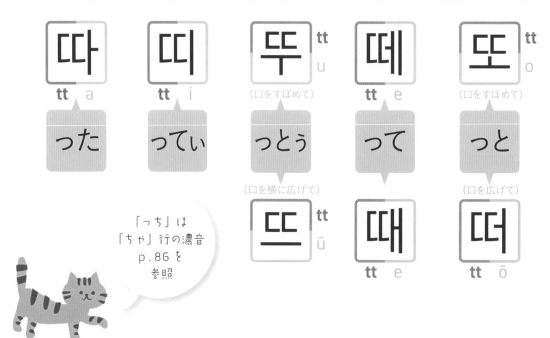

「っち」は「ちゃ」行の濃音 p.86 を参照

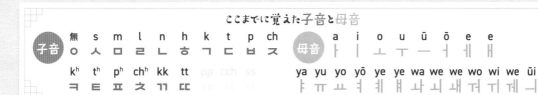

子音	無	s	m	l	n	h	k	t	p	ch		母音	a	i	o	u	ū	ō	e	e
	ㅇ	ㅅ	ㅁ	ㄹ	ㄴ	ㅎ	ㄱ	ㄷ	ㅂ	ㅈ			ㅏ	ㅣ	ㅗ	ㅜ	ㅡ	ㅓ	ㅐ	ㅔ
	kʰ	tʰ	pʰ	chʰ	kk	tt	pp	cch	ss				ya	yu	yo	yō	ye	ye	wa	we	we	wo	wi	we	ūi
	ㅋ	ㅌ	ㅍ	ㅊ	ㄲ	ㄸ							ㅑ	ㅠ	ㅛ	ㅕ	ㅖ	ㅒ	ㅘ	ㅙ	ㅝ	ㅟ	ㅞ

✎ **書いてみよう！** 「た」行の濃音（「っとぅ」「って」「っと」は2種類）を書いて覚えましょう。

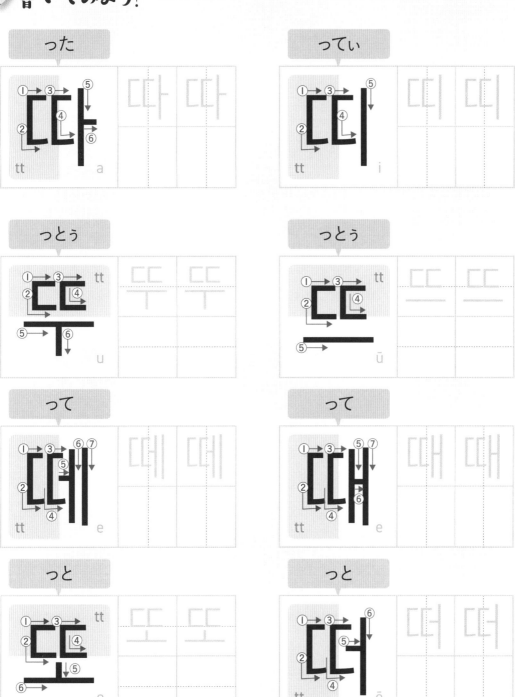

った

ってぃ

っとぅ

っとぅ

って

って

っと

っと

81

書いてみよう! 「か」行または「た」行の濃音と母音を組み合わせた
ハングルがある単語を書きましょう。

CD
42

ゴマ 깨 kke ッケ	깨							
カササギ 까치 kka chⁿi ッカ チ	까 치							
さっき 아까 無a kka a ア ッカ	아 까							
ウサギ 토끼 tⁿo kki i ト ッキ	토 끼							
しきりに 자꾸 cha kku u チャ ック	자 꾸							
肩 어깨 無ō kke e オ ッケ	어 깨							
厚み 두께 tu kke e トゥ ッケ	두 께							
しっぽ 꼬리 kko ㄹi o リ ッコ リ	꼬 리							

干支　**띠**
tt i
ッティ

띠

時　**때**
tt e
ッテ

때

あとで　**이 따**
無 i　tt a
イ　ッタ

이 따

缶切り　**따 개**
tt a　g e
ッタ　ゲ

따 개

ロト(宝くじ)　**로 또**
l o　tt o
ロ　ット

로 또

同い年　**또 래**
tt o　l e
ット　レ

또 래

熱い!　**뜨 거 워!**
tt ū　g ō　無 wo
ットゥ　ゴ　ウォ

뜨 거 워!

2日目

兄弟分の子音と母音をマスター

83

LESSON 12 濃音③詰まる音の「ぱ」行

 「ぱ」行の 濃音

「ぱ」行の子音 ㅂ（p.42参照）を2つ重ねると、**濃音 ㅃ[pp]** になります。喉を緊張させて締めながら出す音のため、母音 ㅏ[a]をつけた **ㅃ[ppa]** の音は、小さい「っ」をつけて「っぱ」と発音します。

ㅂ は語中で濁って「ば」行の音になりましたが、ㅃ は語中でも濁りません。

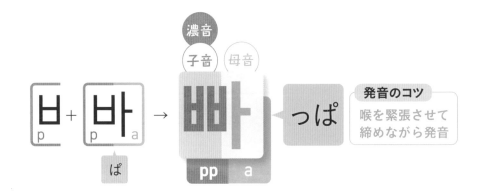

「ぱ」行の濃音と母音「あ」「い」「う」「え」「お」の組み合わせを、まとめて確認しましょう。

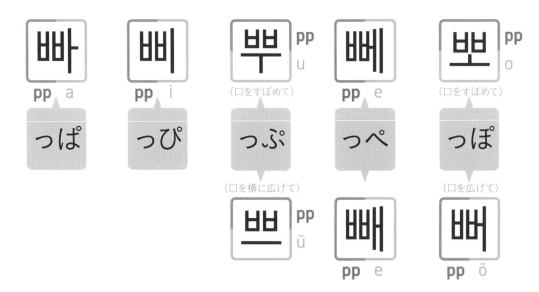

書いてみよう！

「ぱ」行の濃音（「っぷ」「っぺ」「っぽ」は2種類）を書いて覚えましょう。

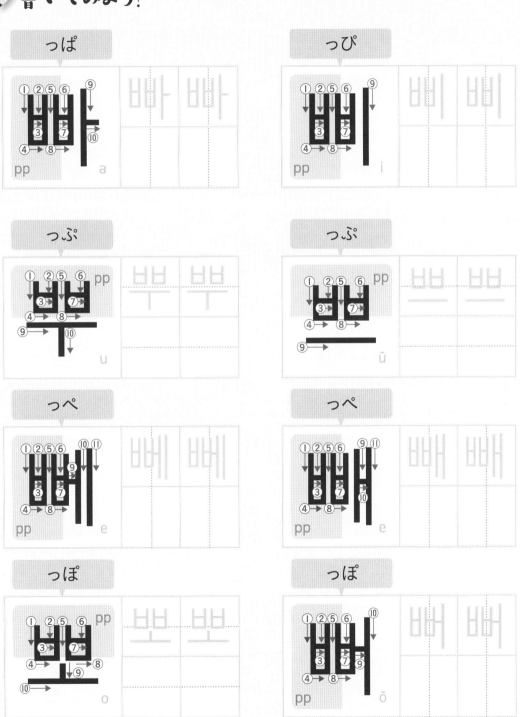

2日目

兄弟分の子音と母音をマスター

85

濃音④詰まる音の「ちゃ」行

「ちゃ」行の 濃音

「ちゃ」行の子音 **ス**（p.44参照）を2つ重ねると、濃音**ス**[cch]になります。喉を緊張させて締めながら出す音ため、母音 **ㅏ** [a]をつけた**짜**[ccha]の音は、小さい「っ」をつけて「っちゃ」と発音します。

スは語中で濁って「じゃ」行の音になりましたが、**ス**は語中でも濁りません。

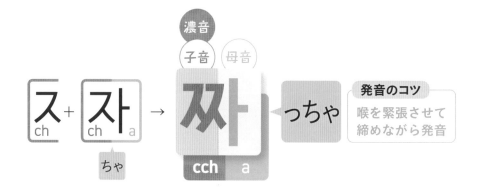

「ちゃ」行の濃音と母音「あ」「い」「う」「え」「お」の組み合わせを、まとめて確認しましょう。

ここまでに覚えた子音と母音

子音	無	s	m	l	n	h	k	t	p	ch	母音	a	i	o	u	ū	ō	e	e
	○	ㅅ	ㅁ	ㄹ	ㄴ	ㅎ	ㄱ	ㄷ	ㅂ	ㅈ		ㅏ	ㅣ	ㅗ	ㅜ	ㅡ	ㅓ	ㅔ	ㅐ

	kʰ	tʰ	pʰ	chʰ	kk	tt	pp	cch		ya	yu	yo	yō	ye	ye	wa	we	we	wo	wi	we	ūi
	ㅋ	ㅌ	ㅍ	ㅊ	ㄲ	ㄸ	ㅃ	ㅉ		ㅑ	ㅠ	ㅛ	ㅕ	ㅖ	ㅒ	ㅘ	ㅙ	ㅚ	ㅝ	ㅟ	ㅞ	ㅢ

 書いてみよう! 「ちゃ行の濃音（「っちゅ」「っちぇ」「っちょ」は2種類）を書いて覚えましょう。

っちゃ

っち

っちゅ

っちゅ

っちぇ

っちぇ

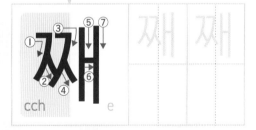

っちょ

っちょ

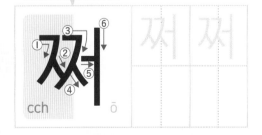

2日目

兄弟分の子音と母音をマスター

87

LESSON 14 濃音⑤詰まる音の「さ」行

CD 46

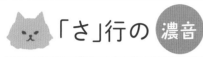

「さ」行の 濃音

　「さ」行の子音人(p.16参照)を2つ重ねると、**濃音ㅆ**[ss]になります。喉を緊張させて締め
ながら出す音のため、母音ㅏ[a]をつけた**ㅆ**[ssa]の音は、小さい「っ」をつけて「っさ」と発音
します。

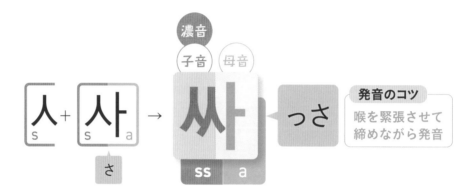

　「さ」行の濃音と母音「あ」「い」「う」「え」「お」の組み合わせを、まとめて確認しましょう。

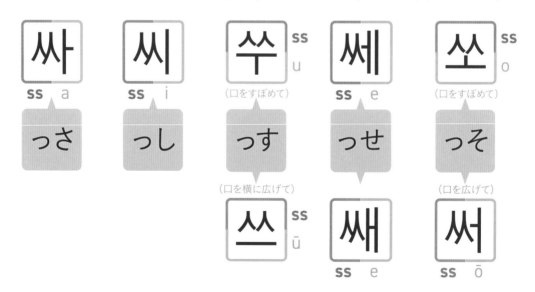

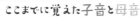

ここまでに覚えた**子音と母音**

子音	無	s	m	l	n	h	k	t	p	ch		母音	a	i	o	u	ū	ō	e	e
	ㅇ	ㅅ	ㅁ	ㄹ	ㄴ	ㅎ	ㄱ	ㄷ	ㅂ	ㅈ			ㅏ	ㅣ	ㅗ	ㅜ	ㅡ	ㅓ	ㅔ	ㅐ
	kʰ	tʰ	pʰ	chʰ	kk	tt	pp	cch	ss				ya	yu	yo	yō	ye	ye	wa	we	we	wo	wi	we	ūi
	ㅋ	ㅌ	ㅍ	ㅊ	ㄲ	ㄸ	ㅃ	ㅉ	ㅆ				ㅑ	ㅠ	ㅛ	ㅕ	ㅖ	ㅒ	ㅘ	ㅚ	ㅙ	ㅝ	ㅟ	ㅞ	ㅢ

書いてみよう！ 「さ」行の濃音（「っす」「っせ」「っそ」は2種類）を書いて覚えましょう。

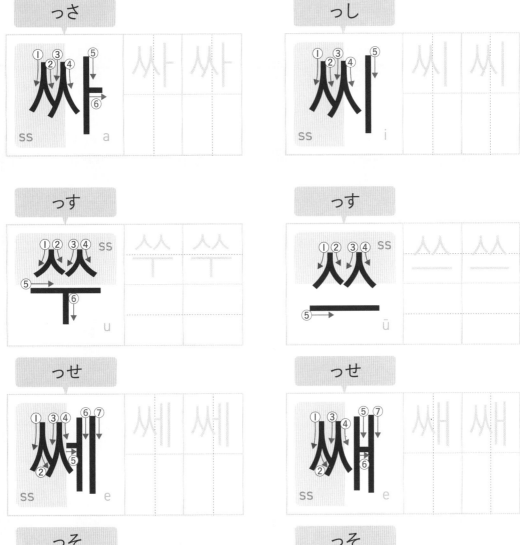

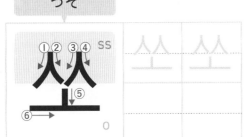

書いてみよう！

「ぱ」行、「ちゃ」行、「さ」行の子音と母音を組み合わせた
ハングルがある単語を書きましょう。

| お兄さん | 오빠 | オッパ | 오빠 | | | |

오 無 o / 빠 pp a

| お父さん | 아빠 | アッパ | 아빠 | | | |

아 無 a / 빠 pp a

| せわしく | 바삐 | パッピ | 바삐 | | | |

바 p a / 삐 pp i

| 根っこ | 뿌리 | ップ リ | 뿌리 | | | |

뿌 pp u / 리 l i

| 引き算 | 빼기 | ッペ ギ | 빼기 | | | |

빼 pp e / 기 g i

| にせ物 | 가짜 | カ ッチャ | 가짜 | | | |

가 k a / 짜 cch a

| サクランボ | 버찌 | ポ ッチ | 버찌 | | | |

버 p ō / 찌 cch i

| チゲ | 찌개 | ッチ ゲ | 찌개 | | | |

찌 cch i / 개 g e

書き取り

쓰^{ss ū} 기^{g i}
ッス　ギ

ざあざあ

쏴^{ss wa} 쏴^{ss wa}
ッスァ　ッスァ

※雨が降る様子

カッコウ

뻐^{pp ō} 꾸^{kk u} 기^{g i}
ッポ　ック　ギ

切れはし

쪼^{cch o} 가^{g a} 리^{l i}
ッチョ　ガ　リ

お嬢さん

아^{無 a} 가^{g a} 씨^{ss i}
ア　ガ　ッシ

ゴミ

쓰^{ss ū} 레^{l e} 기^{g i}
ッス　レ　ギ

2日目

兄弟分の子音と母音をマスター

91

おさらい練習問題

問 1 左のハングルを読んで、その単語と一致するイラストを右から選び、
線でつないでください。

① **바나나** •

• A

② **토마토** •

• B

③ **키위** •

• C

④ **아보카도** •

• D

⑤ **포도** •

• E

⑥ **라즈베리** •

• F

次の趣味を表すハングルを読んで、その日本語訳を右横のかっこ内に
記入してください。

① 스키! → [   ]

② 야구! → [   ]

③ 카메라! → [   ]

④ 테니스! → [   ]

⑤ 피아노! → [   ]

解答

 ① = C（バナナ、pa-na-na） ② = A（トマト、tʰo-ma-tʰo） ③ = E（キウイ、kʰi-wi）
④ = D（アボカド、a-bo-kʰa-do） ⑤ = F（ブドウ、pʰo-do） ⑥ = B（ラズベリー、la-jū-be-li）

 ①スキー（sū-kʰi） ②野球（ya-gu） ③カメラ（kʰa-me-la） ④テニス（tʰe-ni-sū） ⑤ピアノ（pʰi-a-no）

●微妙に異なる明朝体とゴシック体

日本語や英語にいろいろなフォントがあるように、ハングルの書体デザインにもいろいろなバリエーションがありますが、よく使われるのは、日本語と同様、明朝体とゴシック体の2種類です。

明朝体の子音 ㅇ と ㅎ には、丸のてっぺんに点がありますが、ゴシック体には点がありません。実際に文字を書く時、この点は書きません。

また、子音の ㅈ、ㅊ は、明朝体とゴシック体で別の形に見えますが、これを実際に書く時は、明朝体のほうの、カタカナの「ス」のような形で書きます。

※本書のハングルには基本的にゴシック体を使用していますが、書き込み練習のため、子音 ㅈ[ch]はカタカナの「ス」のような形に変更しています（ㅊ[chʰ]、ㅉ[cch]も同様です）。

●看板や応援ボードの飾り文字

街の看板やコンサートの応援ボードなどには、飾り文字を使っているものも多くあります。音のない子音 ㅇ がぐるぐる巻きになったりハート形になったり、さらには文字を擬人化するなど、変幻自在です。

↓	↓	↓
아	요	유

飾り文字や手書き文字など、学習者にとっては判読が難しいものですが、ハングルの場合、どの部分が子音でどの部分が母音かがわかれば、なんとか読むことができます。街の看板、映画のポスター、グリーティングカードなどにあるハングルの飾り文字の判読に、ぜひチャレンジしてみてください。

메 리 크 리 스 마 스 （＝メリークリスマス）

3日目

パッチム
と
発音の変化を
マスター

パッチムの基本と 「ン」に聞こえるパッチム

── パッチムとは ──

子音と母音を左右、または上下に組み合わせるハングルには、その左右・上下の組み合わせの下にもう一つ子音がつくことがあります。この子音を「**パッチム**」といいます。

パッチムの発音は7種類

CD
49

いろいろな子音がパッチムになりますが、発音は全部で7種類です。

	パッチムの発音		パッチムになる子音	例
「ン」に聞こえる 鼻音	① ○ [ng]	←	○	방 [pang]
	② ㄴ [n]	←	ㄴ	반 [pan]
	③ ㅁ [m]	←	ㅁ	밤 [pam]
「ッ」に聞こえる 閉鎖音	① ㄱ [k]	←	ㄱ, ㅋ, ㄲ	박 [pak]
	② ㄷ [t]	←	ㄷ, ㅌ, ㅅ, ㅆ, ㅈ, ㅊ, ㅎ	받 [pat]
	③ ㅂ [p]	←	ㅂ, ㅍ	밥 [pap]
側音	ㄹ [l]	←	ㄹ	발 [pal]

　日本人の耳には「ン」に聞こえるパッチム、「ッ」に聞こえるパッチムの音を、それぞれ聞き分け、発音し分ける練習が必要です。ポイントは発音する時の口の形の違いです。

　では、パッチムの発音について、順番にくわしく説明していきましょう。

「ン」に聞こえる鼻音						
[ng]	[n]	[m]	[k] グループ	[t] グループ	[p] グループ	[l]
ㅇ	ㄴ	ㅁ	ㄱ、ㄲ	ㄷ、ㅌ、ㅅ、ㅈ、ㅊ、ㅎ	ㅂ	ㄹ

「ン」に聞こえるパッチム①[ng]

CD 50

母音の音だけを発音する、音のない**子音 ㅇ** は、パッチムになると [ng] で発音されます。

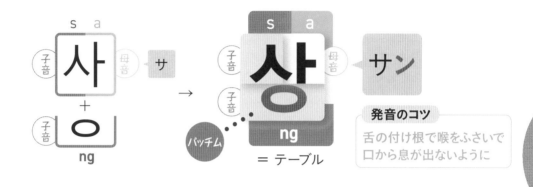

= テーブル

発音のコツ
舌の付け根で喉をふさいで
口から息が出ないように

パッチム ㅇ は、口を開き、舌の付け根が喉を
ふさぐようにして、口から息が出ないように発音
します。息は鼻から出します。

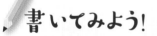
書いてみよう!

「ン」に聞こえるパッチム
[ng]がある単語を
書いて覚えましょう。

テーブル＝

ショッピング＝

※パッチム ㅇ はローマ字で [ng] と書きますが、「ング」とは発音しないように「ン」で止めましょう。

97

「ン」に聞こえるパッチム②[n]

日本語にも子音で終わる音があります。日本語の「ん」の音です。日本語の「ん」をハングルで書く時は、「な」行の**子音ㄴ**[n]のパッチムを使います。

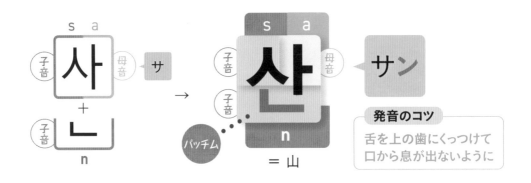

パッチムㄴも口から息が出ないようにしますが、こちらは舌先を上の歯の付け根あたりにくっつけて発音します。息は鼻から出します。

書いてみよう!

「ン」に聞こえるパッチム[n]がある単語を書いて覚えましょう。

ここまでに覚えた パッチム の発音

「ン」に聞こえる鼻音			[k] グループ			[t] グループ			[p] グループ		[l]
[ng]	[n]	[m]									
ㅇ	ㄴ	ㅁ	ㄱ ㄲ ㅋ			ㄷ ㅌ ㅅ ㅆ ㅈ ㅊ ㅎ			ㅂ ㅍ		ㄹ

「ン」に聞こえるパッチム③［m］

次は、「ま」行の**子音 ㅁ**［m］がパッチムになるハングルを見てみましょう。

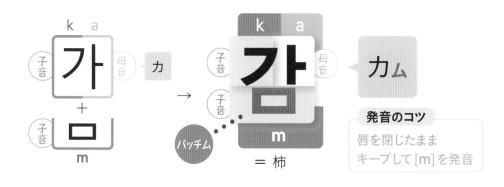

発音のコツ
唇を閉じたまま
キープして［m］を発音

= 柿

パッチム **ㅁ** は［kamu］と最後に母音をつけずに［kam］と子音［m］だけを発音します。唇を閉じたままキープし、息は鼻から出します。

※子音だけを発音するパッチムのカタカナ表記は、小さい文字（「ル」「ム」など）で表します。

書いてみよう！

「ン」に聞こえるパッチム
［m］がある単語を
書いて覚えましょう。

柿＝

キムチ＝

3日目 パッチムと発音の変化をマスター

書いてみよう！　「ン」に聞こえるパッチムがある単語を書きましょう。

CD 53

傘	우_u^無산_n^{s a} ウ サン	우 산			
メガネ(眼鏡)	안_n^{無 a}경_{ng}^{g yō} アン ギョン	안 경			
観光	관_n^{k wa}광_{ng}^{g wa} クァン グァン	관 광			
空港	공_{ng}^{k o}항_{ng}^{h a} コン ハン	공 항			
愛	사_a^s랑_{ng}^{l a} サ ラン	사 랑			
ミーティング	미_i^m팅_{ng}^{tʰ i} ミ ティン	미 팅			
人	사_a^s람_m^{l a} サ ラム	사 람			
ジャガイモ	감_m^{k a}자_a^{j a} カム ジャ	감 자			

「ッ」に聞こえるパッチム

「ッ」に聞こえるパッチム①[k]グループ

激音や濃音の「兄弟」をもつ子音がパッチムになる時の発音を覚えましょう。まず、「か」行の**子音ㄱ [k]** のパッチムです。口を開いて舌の付け根で喉をふさぎ、息を止めて [k] を発音します。

ㄱと兄弟分の ㅋ [kʰ]、ㄲ [kk] も、パッチムでは ㄱ と同じ発音 [k] になります。

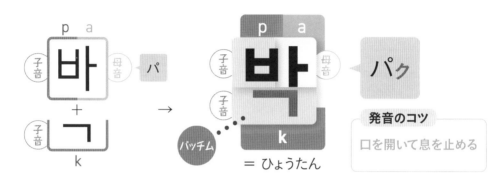

= ひょうたん

発音のコツ

口を開いて息を止める

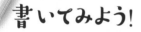

書いてみよう!

「ッ」に聞こえるパッチム
[k]がある単語を
書いて覚えましょう。

ひょうたん=

台所=

🐱 「ッ」に聞こえるパッチム②[t]グループ

CD 55

子音 ㄷ [t] がパッチムになる時は、舌を上の歯の付け根あたりにくっつけ、息を止めて [t] を発音します。

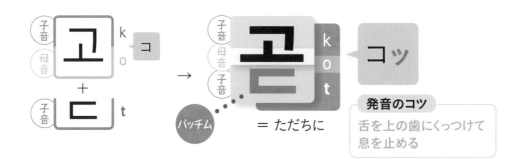

ㄷと兄弟分の ㅌ [tʰ] はもちろん、ㅅ [s]、ㅆ [ss]、ㅈ [ch]、ㅊ [chʰ]、ㅎ [h] も、パッチムではㄷと同じ発音 [t] で発音されます。

パッチムは、その音を発音しようとする舌や口の形のまま、息を出す手前でストップします。この [t] グループの子音は、発音する時の舌の位置が似ているので、同じ発音になります。

ㅌ の本来の音は[tʰ]→ 밭 = 畑 pat パッ 息の流れをストップ

舌を上の歯につけたまま息を出さない
（息を出すと「パトゥ」になってしまう）

ㅅ の本来の音は[s]→ 옷 = 服 ot オッ 息の流れをストップ

舌を上の歯に近づけ [s] を発音する構えで
息を出さない（息を出すと「オスゥ」になってしまう）

文字も意味も違うのに、発音が同じになる単語を見てみましょう。

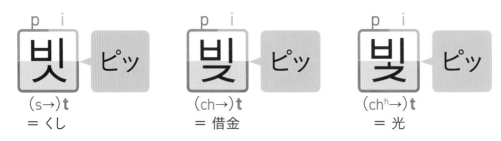

빗 ピッ
(s→)t
= くし

빚 ピッ
(ch→)t
= 借金

빛 ピッ
(chʰ→)t
= 光

ここまでに覚えた パッチムの発音

「ン」に聞こえる鼻音			「ッ」に聞こえる閉鎖音		
[ng]	[n]	[m]	─[k]グループ─	─────[t]グループ─────	[p]グループ
ㅇ	ㄴ	ㅁ	ㄱ,ㅋ,ㄲ	ㄷ,ㅌ,ㅅ,ㅆ,ㅈ,ㅊ,ㅎ	

書いてみよう！

「ッ」に聞こえるパッチム[t]がある単語を書いて覚えましょう。

ただちに＝

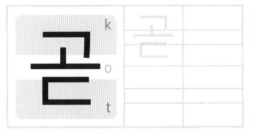

くし＝

畑＝

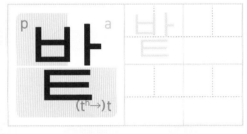

借金＝

服＝

光＝

「くし」「借金」「光」は発音だけでは区別がつかないけれど

連音化すると意味の違いを聞き分けできることも（p.109 参照）

3日目 パッチムと発音の変化をマスター

103

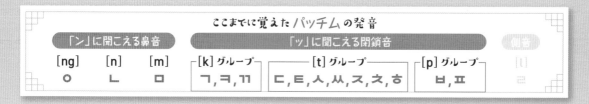

「ン」に聞こえる鼻音			「ッ」に聞こえる閉鎖音			
[ng]	[n]	[m]	[k]グループ	[t]グループ	[p]グループ	
ㅇ	ㄴ	ㅁ	ㄱ,ㅋ,ㄲ	ㄷ,ㅌ,ㅅ,ㅆ,ㅈ,ㅊ,ㅎ	ㅂ,ㅍ	

ここまでに覚えた *パッチム* の発音

「ッ」に聞こえるパッチム③[p]グループ

CD
56

　次は「ぱ」行の**子音 ㅂ [p]** のパッチムです。ㄱのパッチムは口を開いて発音するのに対し、こちらは唇を閉じて [p] を発音します。

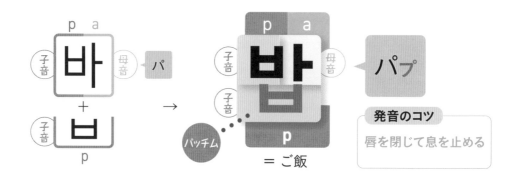

ㅂと兄弟分の ㅍ [pʰ] も、パッチムでは ㅂ と同じ発音 [p] になります。

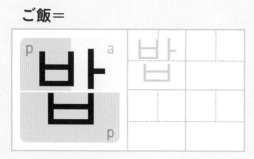

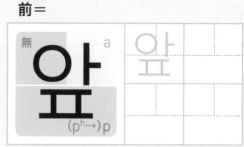

✏️**書いてみよう！**　「ッ」に聞こえるパッチム [p] がある単語を書いて覚えましょう。

ご飯＝

前＝

英語の「l」に似た音のパッチム

母音をつけずに[l]だけを発音

子音 **ㄹ** [l]がパッチムになるハングルを見てみましょう。英語の「**l**」と同じような発音になります。

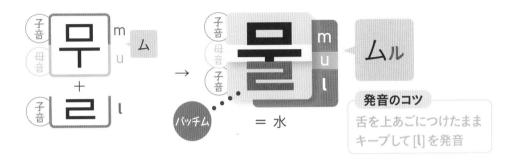

パッチムは[mul**u**]と最後に母音をつけずに[mul]と子音[l]だけを発音します。

韓国語の서울[sōul]は日本語では「ソウル[soul**u**]」と発音されます。日本人にとって子音で終わる発音は慣れないので、どうしても母音[**u**]をつけてしまいがちです。逆に、母音をつけずに発音できると、韓国の人から「発音がきれいですね」「韓国語が上手ですね」と言ってもらえますよ。

書いてみよう!

パッチム[l]がある単語を
書いて覚えましょう。

書いてみよう！

「ッ」に聞こえるパッチムや、英語の「l」に似たパッチムがある単語を書きましょう。

CD
58

本 chʰe 책 k　チェク

曲 kok 곡　コク

ラップ le 랩 p　レプ

スイカ su 수 ba 박 k　ス　バク

科学 k 과 wa ha 학 k　クァ　ハク

返事 te 대 da 답 p　テ　ダプ

ハマグリ te 대 ha 합 p　テ　ハプ

授業 su 수 ō 업 p　ス　オプ

3日目　パッチムと発音の変化をマスター

発音の変化①連音化

 ## パッチムと母音がくっつく連音化

　パッチムがある文字の次に、音のない子音 **ㅇ** で始まる文字が続くと、1文字めのパッチム（子音）と、2文字めの母音がくっついて発音されます。これを**連音化**といいます。

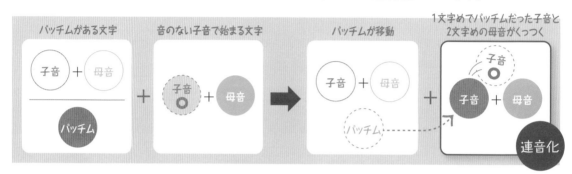

　まず、ハングルを1文字ずつ読んでみましょう。

1文字ずつ読むと → キル

イ

　この2つのハングルを「長さ」という意味の1つの単語として続けて読むと、1文字めの**パッチムㄹ**[**l**]と2文字めの**母音ㅣ**[**i**]）がくっついて発音されます。

続けて読むと 連音化
ki-li

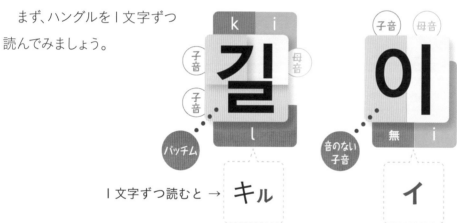

キリ

= 長さ

連音化

連音化のしくみ

実際の発音

기 → 리
ki　　li

パッチム（ここでは**ㄹ**）が、続く子音 **ㅇ** に取って代わる

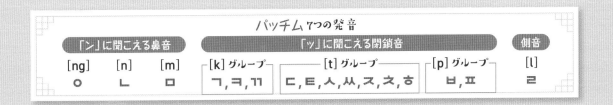

パッチム 7つの発音							
「ン」に聞こえる鼻音			「ッ」に聞こえる閉鎖音				側音
[ng]	[n]	[m]	[k] グループ	[t] グループ		[p] グループ	[l]
ㅇ	ㄴ	ㅁ	ㄱ,ㅋ,ㄲ	ㄷ,ㅌ,ㅅ,ㅆ,ㅈ,ㅊ,ㅎ		ㅂ,ㅍ	ㄹ

音のない子音 ㅇ で始まる2文字めにパッチムがあっても、同じように連音化します。

続けて読むと ma-nil 連音化

マニル

= 万一

1文字ずつ読むと → マン　イル

連音化のしくみ

実際の発音

마닐
ma　nil

パッチム(ここではㄴ)が、続く子音ㅇに取って代わる

※パッチムが ㅇ [ng]の場合は連音化しません。
　종이（紙）→発音は [chong i チョンイ]
　영어（英語）→発音は [yong o ヨンオ]

　助詞などがついて連音化すると、パッチムの発音がもとの子音の発音に戻って、次の文字の母音とくっつきます。そのため、文字も意味も違うのに発音が同じ単語（p.102 参照）は、連音化のおかげで意味の違いを聞き分けられるようになります。

助詞
빗이 ＝くしが
pis-i
ピシ　パッチム ㅅ [t]が本来の音[s]になる

助詞
빚이 ＝借金が
pij-i
ピジ　パッチム ㅈ [t]が本来の音[ch]に、さらに語中で濁って[j]になる

助詞
빛이 ＝光が
pichʰ-i
ピチ　パッチム ㅊ [t]が本来の音[chʰ]になる

※パッチムが語中で濁る子音の場合、連音化にともない濁って発音されます。
※パッチムㄷ / ㅌの後ろに母音이が続いて連音化する場合に限り、디/티ではなく、지/치の音で発音されます。
　굳이（無理に）→発音は[구디 ku-di クディ]ではなく[구지 ku-ji クジ]
　같이（一緒に）→発音は[가티 ka-tʰi カティ]ではなく[가치 ka-chʰi カチ]

LESSON 5 発音の変化②側音化

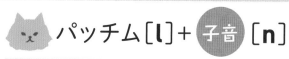

パッチム[l]+ 子音 [n]

　パッチム **ㄹ** [l]の次に子音 **ㄴ** [n]で始まる文字が続く時、この **ㄴ** は **ㄹ** で発音されます。このように、パッチムと次の子音の音が同化することを**側音化**といいます。

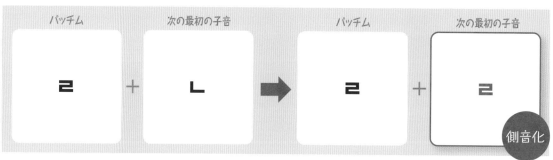

パッチム	次の最初の子音		パッチム	次の最初の子音
ㄹ	+ ㄴ	→	ㄹ	+ ㄹ 側音化

続けて読むと 側音化
il-lyōn

イルリョン

＝ 一年

1文字ずつ 読むと → イル　ニョン

側音化 の しくみ

実際の発音

일 련
il　lyōn

パッチム **ㄹ** に続く子音 **ㄴ** が **ㄹ** に変わる

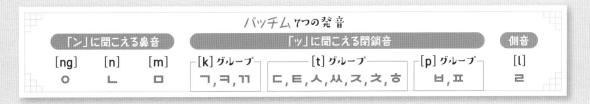

パッチム 7つの発音							
「ン」に聞こえる鼻音			「ッ」に聞こえる閉鎖音				側音
[ng]	[n]	[m]	[k] グループ	[t] グループ	[p] グループ		[l]
ㅇ	ㄴ	ㅁ	ㄱ, ㅋ, ㄲ	ㄷ, ㅌ, ㅅ, ㅆ, ㅈ, ㅊ, ㅎ	ㅂ, ㅍ		ㄹ

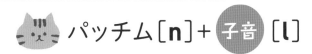

パッチム[n] + 子音 [l]

逆に、パッチム ㄴ [n]の次に子音 ㄹ [l]で始まる文字が続く時も側音化が生じて、パッチム ㄴ は ㄹ で発音されます。

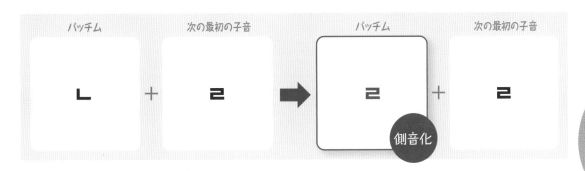

続けて読むと 側音化
kwal-li

クァルリ

= 管理

1文字ずつ
読むと → クァン　　　リ

[l] + [n] と
[n] + [l]、
どちらも
[l] + [l] で
発音されます

側音化
の
しくみ

実際の発音

괄 리
kwal　li

あとに子音 ㄹ が続くと
パッチム ㄴ が ㄹ に変わる

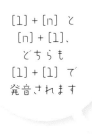

書いてみよう！

連音化や側音化を覚えるための単語を書きましょう。

恋愛	연애 ヨネ	연 애			
発音	발음 パルㇺ	발 음			
店員	점원 チョムォン	점 원			
人魚	인어 イノ	인 어			
サメ	상어 サンオ	상 어			
国語	국어 クゴ	국 어			
職業	직업 チゴㇷ゚	직 업			
入院	입원 イブォン	입 원			

元旦 설날
s ō (n→)l a
ㄹ ㄹ
ソル ラル

七年 칠년
chʰ i (n→)lyō
ㄹ n
チル リョン

室内 실내
s i
ㄹ (n→)l e
シル レ

韓流 한류
h a ㄹ yu
(n→)l
ハル リュ

暖炉 난로
n a ㄹ o
(n→)l
ナル ロ

線路 선로
s ō ㄹ o
(n→)l
ソル ロ

混乱 곤란
k o ㄹ a
(n→)l n
コル ラン

真理 진리
ch i ㄹ i
(n→)l
チル リ

発音の変化③濃音化

🐱 濁る音が濁らなくなる

　ㄱ [k]/ㄷ [t]/ㅂ [p] で発音される、「ッ」に聞こえるパッチムのあとに、語中で濁る特徴のある子音ㄱ [k]/ㄷ [t]/ㅂ [p]/ㅈ [ch] がくると、これらの子音が自然と兄弟分の濃音ㄲ [kk]/ㄸ [tt]/ㅃ [pp]/ㅉ [cch] で発音されます。これを**濃音化**といいます。

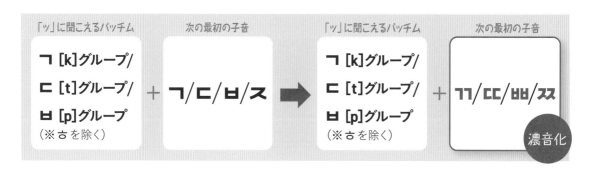

　子音ㄱ/ㄷ/ㅂ/ㅈ は本来、語中で [g]/[d]/[b]/[j] と濁るはずですが、濃音化によって、語中でも濁らなくなります。

続けて読むと 濃音化
chak-kka

チャクカ

= 作家

1文字ずつ読むと → チャク　カ

語中でも濁れない → チャク~~カ~~

実際の発音

濃音化のしくみ

フ→
작 까
chak　kka

「ッ」に聞こえるパッチムのあとの
子音ㄱ/ㄷ/ㅂ/ㅈ が濃音に

※続けて読むと**작**のパッチム「ク」が濃音「ッ」の働きもするため、次の**가**の子音[k]が自然と濃音[kk]になります。この変化はカタカナでは表せません。

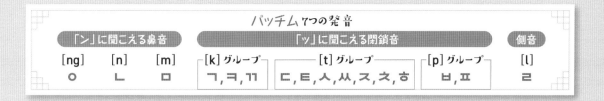

パッチム 7つの発音							
「ン」に聞こえる鼻音			「ッ」に聞こえる閉鎖音				側音
[ng]	[n]	[m]	[k]グループ	[t]グループ	[p]グループ		[l]
ㅇ	ㄴ	ㅁ	ㄱ,ㅋ,ㄲ	ㄷ,ㅌ,ㅅ,ㅆ,ㅈ,ㅊ,ㅎ	ㅂ,ㅍ		ㄹ

意識されない「さ」行の濃音化

子音 ㅅ [s] にも兄弟分の濃音があるので、「ッ」に聞こえるパッチムのあとにくると、自然と濃音 ㅆ [ss] で発音されます。

子音 ㅅ は濁る、濁らないの区別がないので、ㅅ の濃音化はほとんど意識されません。

※続けて読むと 학 のパッチム「ク」が濃音「ッ」の働きもするため、次の 생 の子音[s]が自然と濃音[ss]になります。この変化はカタカナでは表せません。

3日目

パッチムと発音の変化をマスター

115

発音の変化④鼻音化

「ッ」が「ン」で発音される

　ㄱ [k]/ ㅂ [p]/ ㄷ [t] で発音される、「ッ」に聞こえるパッチムのあとに、子音 ㄴ [n] か ㅁ [m] で始まる「ナ」行か「マ」行の文字がくると、パッチムがそれぞれ「ン」に聞こえる ㅇ [ng]/ ㄴ [n]/ ㅁ [m] で発音されます。「ン」に聞こえる鼻音に変わるので、これを**鼻音化**といいます。

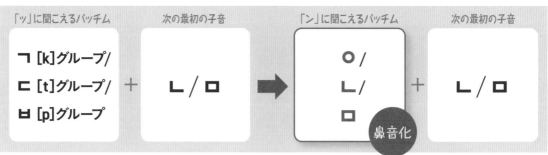

「ッ」に聞こえるパッチム　　次の最初の子音　　「ン」に聞こえるパッチム　　次の最初の子音

ㄱ [k]グループ/
ㄷ [t]グループ/
ㅂ [p]グループ
＋
ㄴ / ㅁ
➡
ㅇ /
ㄴ /
ㅁ
鼻音化
＋
ㄴ / ㅁ

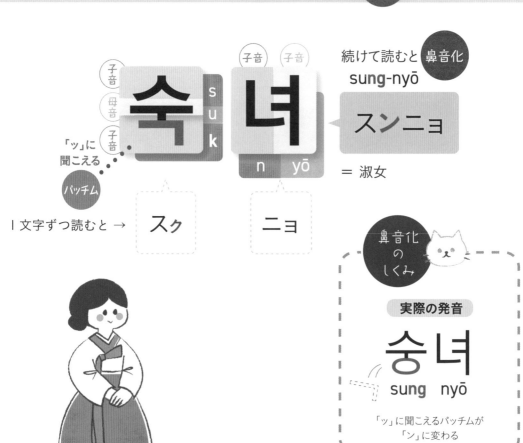

子音　母音　子音
숙
s u k

子音　子音
녀
n yō

「ッ」に聞こえる パッチム

続けて読むと　鼻音化
sung-nyō

スンニョ

＝ 淑女

1文字ずつ読むと → スク　ニョ

鼻音化のしくみ

実際の発音

숭녀
sung　nyō

「ッ」に聞こえるパッチムが「ン」に変わる

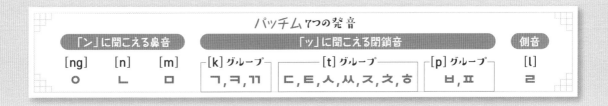

パッチム7つの発音							
「ン」に聞こえる鼻音			「ッ」に聞こえる閉鎖音				側音
[ng]	[n]	[m]	[k]グループ	[t]グループ	[p]グループ		[l]
ㅇ	ㄴ	ㅁ	ㄱ, ㅋ, ㄲ	ㄷ, ㅌ, ㅅ, ㅆ, ㅈ, ㅊ, ㅎ	ㅂ, ㅍ		ㄹ

続けて読むと 鼻音化
im-mat

イムマッ

= 食欲

鼻音化のしくみ

実際の発音

임맛
im　mat

「ッ」に聞こえるパッチムが「ン」に変わる

「ッ」に聞こえる パッチム

1文字ずつ読むと → イプ　マッ

さらに「ラ」行が「ナ」行で発音される

「ッ」に聞こえるパッチムのあとに **ㄹ** [l] がくると、パッチムが鼻音化し、さらにそのあとの **ㄹ** が **ㄴ** [n] で発音されます。

「ッ」に聞こえるパッチム		次の最初の子音		「ン」に聞こえるパッチム		次の最初の子音
ㄱ [k]グループ/ ㄷ [t]グループ/ ㅂ [p]グループ	+	ㄹ	➡	ㅇ / ㄴ / ㅁ 鼻音化	+	ㄴ 鼻音化

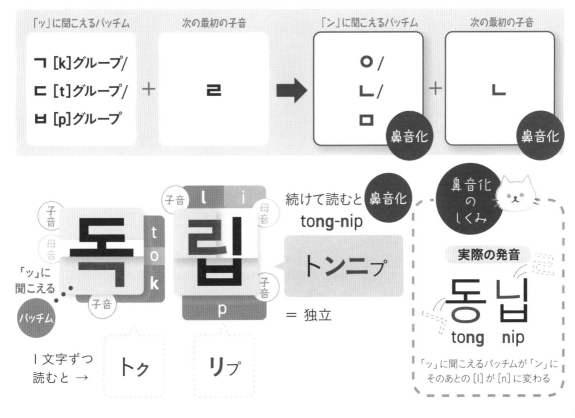

続けて読むと 鼻音化
tong-nip

トンニプ

= 独立

鼻音化のしくみ

実際の発音

동닙
tong　nip

「ッ」に聞こえるパッチムが「ン」にそのあとの [l] が [n] に変わる

「ッ」に聞こえる パッチム

1文字ずつ読むと → トㇰ　リプ

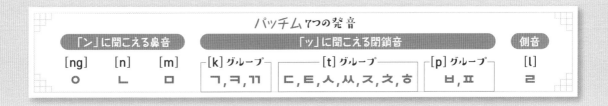

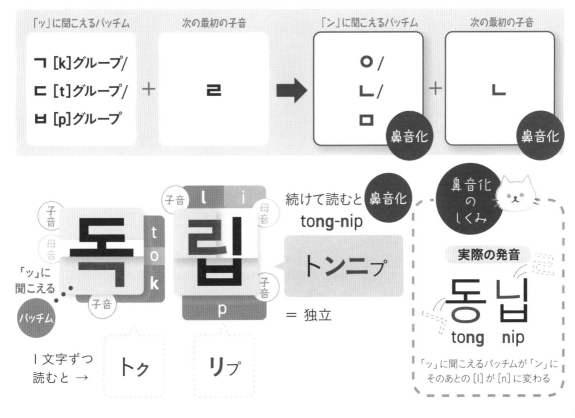

3日目

パッチムと発音の変化をマスター

✏️ 書いてみよう！ 濃音化や鼻音化が生じる単語を書きましょう。

CD
66

業務 업무

十万 십만

植物 식물

食料 식량

入力 입력

昨年 작년

将来 앞날

花見 꽃놀이

3日目

パッチムと発音の変化をマスター

119

発音の変化⑤弱音化

CD 68

 ## パッチムのあとの ㅎ が無視される

　「ン」に聞こえるパッチム ㄴ [n]/ ㅁ [m]、または側音のパッチム ㄹ [l] のあとに子音 ㅎ [h] が
くると、ㅎ が無視され、ほとんど発音されません。これを**弱音化**といいます。この時、パッチムは
次の文字の母音と連音化します。

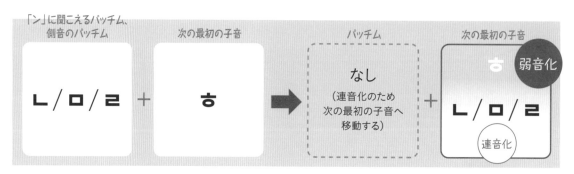

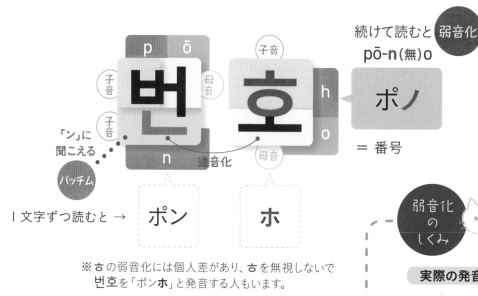

１文字ずつ読むと → ポン　ホ

※ㅎの弱音化には個人差があり、ㅎを無視しないで
번호を「ポンホ」と発音する人もいます。

パッチムの
あとのㅎの
弱音化は
ノ、それぞれ

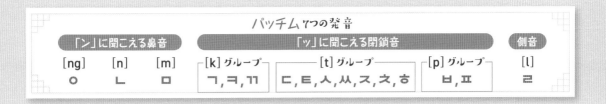

パッチム ㅎ が無視される

パッチムが ㅎ[t] で、そのあとに音のない子音 ㅇ で始まる文字（＝母音で始まる文字）がくる場合も、ㅎ が無視されます。

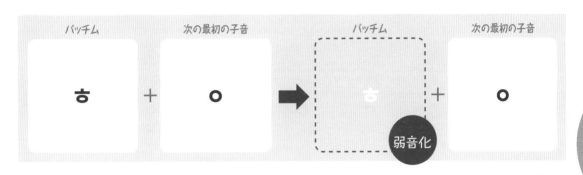

パッチム	次の最初の子音		パッチム	次の最初の子音
ㅎ	＋ ㅇ	➡	ㅎ 弱音化	＋ ㅇ

続けて読むと 弱音化
cho(無)-a-yo

チョアヨ

＝ いいね！

1文字ずつ
読むと → チョッ　ア　ヨ

※ㅎがパッチムの場合は完全に弱音化します。
좋아요を「チョハヨ」と発音する人はいません。

ㅇの前の
パッチムㅎは
誰でも
弱音化して
発音するよ

弱音化
の
しくみ

実際の発音

조아요!
cho　a　yo

パッチム ㅎ のあと母音で始まる文字が
続く場合、ㅎ が無視される

121

LESSON 9 発音の変化⑥激音化（げきおん）

ㅎ の前のパッチムが激音化

ㄱ[k]/ㄷ[t]/ㅂ[p] で発音される、「ッ」に聞こえるパッチムのあとに子音 ㅎ[h] がくると、それぞれ兄弟分の激音 ㅋ[kʰ]/ㅌ[tʰ]/ㅍ[pʰ] で発音されます。これを**激音化**といいます。この時、パッチムは次の文字の母音と連音化します。

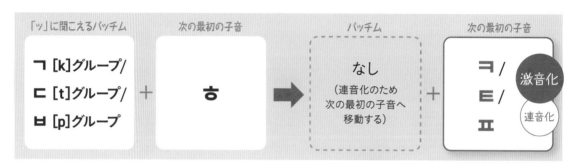

続けて読むと 激音化
chʰu-kʰa

チュカ

= 祝賀

I 文字ずつ読むと → チュク　ハ

激音化のしくみ

実際の発音

chʰu　kʰa

ㅎの前にあるパッチムが激音化しながら連音化

[t] グループのパッチムはすべて、本来の子音の音ではなく、パッチムの発音[t]のまま激音化するので、気をつけましょう。

몇+호 → 몇호　ミョト
myōt　ho　myō-tʰo　= 何号

※パッチム ㅈ[t]のあとに母音が [i] の히[hi]がくる場合は、本来の子音の音[ch]で激音化して、치[chʰi]と発音されます。

myō　tʰo

ㅊは本来の音[chʰ]ではなく、パッチムの発音[t]のまま激音化しながら連音化

122

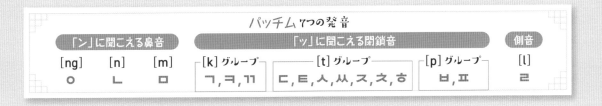

🐱 パッチム ㅎ のあとの子音が激音化

また、パッチム ㅎ のあとに、子音 ㄱ [k]/ ㄷ [t]/ ㅈ [ch] がくると、パッチム ㅎ は発音されず、ㄱ/ㄷ/ㅈ が激音化して ㅋ [kʰ]/ ㅌ [tʰ]/ ㅊ [chʰ] で発音されます。

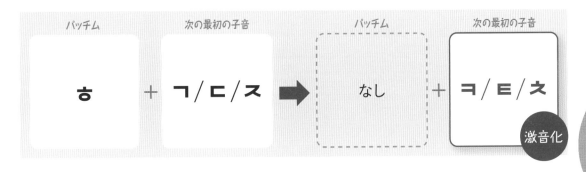

子音 ㄱ/ㄷ/ㅈ は本来、語中で [g]/[d]/[j] と濁るはずですが、激音化によって、語中でも濁らなくなります。

続けて読むと　激音化
cho-tʰa

チョタ

= 良い

1 文字ずつ読むと → チョッ　　タ

語中でも濁れない → チョッ~~ダ~~

激音化のしくみ

実際の発音

パッチム ㅎ のあとに続く
子音が激音化

✏ 書いてみよう！

弱音化や激音化が生じる単語を書きましょう。

国会 ^k^u 国会 ^(h)^{we} (k→)kʰ
クコェ

入学 ^無ⁱ 입학 ^(h)^a (p→)pʰ k
イパク

急行 ^k^ū 급행 ^(h)^e (p→)pʰ ng
クペン

いいよね ^{ch}^o^(h) 좋지 ⁱ (ch→)chʰ i
チョチ

多い ^m^a 많다 n(h) (t→)tʰ a
マンタ

※この ㄶ のように、2つの子音がパッチムになることもあります。
この場合は左側の ㄴ だけを発音します。

落下傘 ⁿ^a 낙하산 ^s^a (k→)kʰ (h) a n
ナカ　　サン

吸血鬼 ^h^ū 흡혈귀 ^(h)^{yō}^g (p→)pʰ l wi
フピョル　グィ

3日目 パッチムと発音の変化をマスター

かな文字のハングル表記

日本語の五十音をハングルで書き表す時に役立つ一覧表です。

あ	아	い	이	う	우	え	에	お	오
か	가	き	기	く	구	け	게	こ	고
語中	카	語中	키	語中	쿠	語中	케	語中	코
さ	사	し	시	す	스	せ	세	そ	소
た	다	ち	지	つ	쓰	て	데	と	도
語中	타	語中	치	語中	쓰	語中	테	語中	토
な	나	に	니	ぬ	누	ね	네	の	노
は	하	ひ	히	ふ	후	へ	헤	ほ	호
ま	마	み	미	む	무	め	메	も	모
や	야			ゆ	유			よ	요
ら	라	り	리	る	루	れ	레	ろ	로
わ	와							ん	ㄴ (パッチム)

●**他と違う「す（ず）」と「つ（づ）」の母音**
「う」段に使う母音は ㅜ[u]ですが、「す」と「つ」には ㅡ[ū]を使います（濁音の場合も同様）。

●**「た」行の「ち」と「つ」に注意**
日本語の「た」行で子音[t]を使うのは「た」「て」「と」だけ。「ち」はローマ字で chi なので子音[ch]を使います。「つ」は tsu ですがハングルに子音[ts]はないので、**쓰**で代用します（**츠**を使う場合もあります）。

● 語頭の濁音は書き表せない

濁音の「がぎぐげご」にも「かきくけこ」と同じハングルを当てていますが、韓国語は語頭で濁ることができないので、語頭の濁音は書き表すことができません。

岐阜→
기후(キフ)

●「ざ」行は[z]の代わりに[ch]を使う

ハングルには日本語の「ざ」行の子音[z]がないので、似た音の[ch]を使います。

湯沢→
유자와(ユジャワ)

が	가	ぎ	기	ぐ	구	げ	게	ご	고
ざ	자	じ	지	ず	즈	ぜ	제	ぞ	조
だ	다	ぢ	지	づ	즈	で	데	ど	도
ちゃ	자			ちゅ	주			ちょ	조
語中	차			語中	추			語中	초
ば	바	び	비	ぶ	부	べ	베	ぼ	보
ぱ	바	ぴ	비	ぷ	부	ぺ	베	ぽ	보
語中	파	語中	피	語中	푸	語中	페	語中	포

3日目 パッチムと発音の変化をマスター

● 日本語の撥音「ん」にはパッチムㄴ[n]を使う

新幹線→**신칸센**(シンカンセン)　　神田→**간다**(カンダ)

● 日本語の長音はハングルでは書き表さない

大阪→**오사카**(オサカ)　　京都→**교토**(キョト)

● 日本語の促音「っ」にはパッチムㅅ[t]を使う

鳥取→**돗토리**(トットリ)　　北海道→**홋카이도**(ホッカイド)

日本語の
固有名詞を
ハングルで
読み書き
しよう

おさらい練習問題

問 1 次の単語は、日本の地名（駅名）をハングルで表したものです。それぞれの地名を日本語で空欄に記入してください。

① 삿포로

② 센다이

③ 신주쿠

④ 신바시

⑤ 간다

⑥ 닛포리

⑦ 신오쿠보

固有名詞を
表すハングルは
「っ」や「ん」、
のばす音などに
注意して

問 ②　カバンの中に入っているものがいろいろあります。①から④のローマ字を見て
一致する韓国語を点線枠内から選び、空欄に記入してください。

우산　　서류　　책　　안경

①

書類
sō-lyu

②

かさ
u-san

③

メガネ
an-gyōng

④

本
chʰek

解答

問 ①　①札幌 sat-pʰo-lo ②仙台 sen-da-i ③新宿 sin-ju-kʰu ④新橋 sin-ba-si
⑤神田 kan-da ⑥日暮里 nit-pʰo-li ⑦新大久保 sin-o-kʰu-bo
問 ②　①서류 ②우산 ③안경 ④책

パッチムと発音の変化をマスター

 **コラム column**　「ム」か？「ン」か？ パッチム[m]

●「キムチ」と「ビビンバ」

韓国語の発音をそのまま日本語化した「カタカナ韓国語」として定着している単語、「キムチ」と「ビビンバ」をハングルで見比べてみましょう。

김치
kim-chi
キムチ

비빔밥
pi-bim-bap
ピビムバプ

日本で定着しているカタカナ料理名「キムチ」の「ム」を表しているのは、パッチムロです。ところが、「ビビンバ」の「ン」を表しているのも、パッチムロ。韓国語の発音としてはいずれも同じ[m]なのに、同じパッチムでも「ム」と聞こえるものと、「ン」と聞こえるものがあります。

●日本語でも「m」→「ん」に聞こえるもの

日本語の場合でも、「ん」を[m]で発音するものがあります。実際に新橋駅や反町駅の駅名標を見てみると、「ん」のローマ字が「n」ではなく「m」で書かれています。

原因は、「ん」の次の音（「しんばし」の「ば」、「たんまち」の「ま」の音）にあります。「ば」や「ま」が唇を閉じる音なので、その前の「ん」を発音する時すでに唇を閉じてしまい、結果[m]で発音されるのです。つまり、唇を閉じて発音する「パ」行・「バ」行・「マ」行の前にある「m」は「ン」に聞こえる」ということになります。

「キムチ」と「ビビンバ」の話に戻りましょう。「ビビンバ」のパッチムロは「バ」の前なので「ン」に聞こえ、「キムチ」のパッチムロは「チ」の前なので「ン」に聞こえず、「m」で閉じた唇を開く時に母音がついて[mu（ム）]に聞こえる、と説明できます。

※「新橋」「反町」はローマ字表記が「m」でも、ハングルでは**신바시**、**단마치**と表記されます。
　日本語の「ん」を韓国語で表す時はパッチム ㄴ[n]を使うというルールがあるからです。

力試し

単語・フレーズ
を
どんどん読んで
覚えよう

街で見かけるハングル

読めれば意味がわかる単語

　韓国の街などで見かけるハングルを読んでいきましょう。まずは、読めれば意味もわかる、漢字語やカタカナ語の単語です。

사진관
sa-jin-gwan
サジングァン
＝ 写真館
（写真スタジオ）

증명사진
chūng-myōng-sa-jin
チュンミョンサジン
＝ 証明写真

주차금지
chu-chʰa-gūm-ji
チュチャグムジ
＝ 駐車禁止

네일아트
ne-il-a-tʰū
ネイルアトゥ
＝ ネイルアート

※日本語のカタカナ語では語頭が濁る楽器名でも、韓国語では語頭が濁りません。

기타
ki-tʰa
キタ
＝ ギター

피아노
pʰi-a-no ＝ ピアノ
ピアノ

　食べ物屋さんの看板には、料理名をズバリ書いてあることが多いです。

떡볶이
ttōk-ppokk-i
ツトｸポッキ
＝ トッポッキ

※떡は「餅」、볶이は「炒め物」。

칼국수
kʰal-guk-ssu
カルグクス
＝ カルグクス
※韓国式のうどんです。

왕만두
wang-man-du
ワンマンドゥ
＝ ワンマンドゥ
※日本の肉まんに近い形の餃子。

※もとは漢字の単語をハングルに書き表しているのが漢字語で、日本語と発音が似ている単語が多くあります。英語をハングルで表したカタカナ語も、読めば意味が推測できます。

読めても意味がわかりにくい単語

ハングルが読めても意味がわかりにくい単語もあります。

노래방

no-le-bang ＝ カラオケ
ノレバン

※노래(歌)＋방(部屋)で
「カラオケ(ボックス)」です。

피부관리

pʰi-bu-gwal-li ＝ エステ
ピブグァルリ

※피부(皮膚)＋관리
(管理)で「エステ」です。

書いてみよう!

写真館	
사진관	사진관

証明写真	
증명사진	증명사진

駐車禁止	
주차금지	주차금지

ネイルアート	
네일아트	네일아트

ピアノ		ギター	
피아노	피아노	**기타**	기타

トッポッキ	
떡볶이	떡볶이

カルグクス	
칼국수	칼국수

ワンマンドゥ	
왕만두	왕만두

カラオケ	
노래방	노래방

エステ	
피부관리	피부관리

単語・フレーズをどんどん読んで覚えよう

LESSON 2 レストランのハングル

CD **73**

メニュー単語いろいろ

　韓国の料理名は「素材＋調理法」で表すものが多くあります。スープ類（＝탕）と鍋料理（＝찌개）のメニュー単語を読んでみましょう。

※韓国の通貨원（ウォン）はp.140で覚えます。

Menu

スープ類		鍋料理	

갈비 탕 8,000 원
kal-bi tʰang
カルビ タン
＝ カルビスープ

김치 찌개 7,000 원
kim-chʰi cchi-ge
キムチ ッチゲ
＝ キムチチゲ

인기메뉴 **삼계 탕** 13,000 원
sam-ge tʰang
サムゲ タン
＝ 参鶏湯

인기메뉴 **부대 찌개** 7,000 원
pu-de cchi-ge
プデ ッチゲ
＝ プデチゲ
※**부대**は「部隊」という意味。

인기메뉴 in-kki me-nyu
インキ メニュ
＝ 人気メニュー　※**인기**（人気）の**기**は、習慣的に濃音化して[**인끼**]と濁らずに発音されます。

サービス／味覚の表現

무한 리필
mu-han li-pʰil
ムハン リピル

＝ おかわり自由
※**무한**（無限）＋**리필**（refill＝詰め替え）です。

안주무료 서비스
…… an-ju-mu-lyo
アンジュムリョ
…… sō-bi-su
ソビス

＝ おつまみ無料サービス
※**안주**（つまみ）＋**무료**（無料）です。

50% 할인
…… o-ship
オシプ
…… pʰū-lo
プロ
…… hal-in
ハリン

＝ 50%割引
※「50」は漢数字、「%」はハングルで**프로**です。

달아요
tal-a-yo
タラヨ
＝ 甘いです

짜요
ccha-yo
ッチャヨ
＝ しょっぱいです

매워요
me-wo-yo
メウォヨ
＝ 辛いです

맛있어요
mas-iss-ō-yo
マシッソヨ
＝ おいしいです

✏️ 書いてみよう!

カルビスープ			
갈비탕	갈비탕		

参鶏湯			
삼계탕	삼계탕		

キムチチゲ			
김치찌개	김치찌개		

プデチゲ			
부대찌개	부대찌개		

人気メニュー			
인기메뉴	인기메뉴		

おかわり自由			
무한리필	무한리필		

おつまみ無料			
안주무료	안주무료		

サービス			
서비스	서비스		

50%			
오십프로	오십프로		

割引			
할인	할인		

甘いです			
달아요	달아요		

しょっぱいです			
짜요	짜요		

辛いです			
매워요	매워요		

おいしいです			
맛있어요	맛있어요		

力試し

単語・フレーズをどんどん読んで覚えよう

LESSON 3 ショッピングのハングル

ファッション・コスメの単語

デパートの売り場や、扱う商品の単語を覚えましょう。

4F

잡화
cha (p→) pʰ-(h) wa
チャプァ
= 雑貨

액세서리 = アクセサリー
ek-sse-sō-li
エクセソリ

3F

영패션
yōng pʰe-syōn
ヨン ペション
= ヤングファッション

※英語の「young」など語末の「ng」の音はパッチム ㅇ [ng] で表します。

셔츠 = シャツ
syō-chʰū
ショチュ

재킷 = ジャケット
che-kʰit
チェキッ

2F

여성패션
yō-sōng pʰe-syōn
ヨソン ペション
= 女性ファッション

※英語の「fashion」など、「f」の音はㅍ [p] で表します。

원피스
won-pʰi-sū
ウォンピス
= ワンピース

가방 = バッグ
ka-bang
カバン

립스틱
lip-ssū-tʰik
リプスティク
= 口紅

매니큐어
me-ni-kʰyu-ō
メニキュオ
= マニキュア

1F

화장품
hwa-jang-pʰum
ファジャンプム
= 化粧品

향수
hyang-su
ヒャンス
= 香水

수분크림 = 水分クリーム
su-bun-kʰū-lim
スブンクリム

✏ 書いてみよう！

雑貨				
잡화	잡화			

アクセサリー				
액세서리	액세서리			

ヤングファッション				
영패션	영패션			

女性ファッション				
여성패션	여성패션			

シャツ				
셔츠	셔츠			

ジャケット				
재킷	재킷			

ワンピース				
원피스	원피스			

バッグ				
가방	가방			

化粧品				
화장품	화장품			

口紅				
립스틱	립스틱			

マニキュア				
매니큐어	매니큐어			

香水				
향수	향수			

水分クリーム				
수분크림	수분크림			

単語・フレーズをどんどん読んで覚えよう

読んでみよう!

レストランの看板に書いてあるハングルや、色を表す単語を読み取ります。

問 1 次の店は何を食べることができるレストランでしょうか。
料理名や食材名を、写真下の空欄に日本語で記入してください。

※韓国語の発音は CD で確認できます。

①

②

③

④

⑤

⑥

問 2　色を表すカタカナ語の単語を読み、何色かを空欄に日本語（カタカナ）で記入してください。　※韓国語の発音はCDで確認できます。

① 레드

② 핑크

③ 오렌지

④ 옐로우

⑤ 그린

⑥ 블루

⑦ 블랙

⑧ 베이지

⑨ 화이트

力試し

単語・フレーズをどんどん読んで覚えよう

解答

問1 ①プルコギ (pul-go-gi プルゴギ)　②ビビンバ (pi-bim-ppap ピビムパプ)
③キムパプ (kim-ppap キムパプ)　④スンドゥブ (sun-du-bu スンドゥブ)
⑤チキン (chʰi-kʰin チキン)　⑥うどん (u-dong ウドン)

問2 ①レッド (le-dū レドゥ)　②ピンク (pʰing-kʰū ピンク)　③オレンジ (o-len-ji オレンジ)
④イエロー (yel-lo-u イェルロウ)　⑤グリーン (kū-lin クリン)　⑥ブルー (pūl-lu プルル)
⑦ブラック (pūl-lek プルレク)　⑧ベージュ (pe-i-ji ペイジ)　⑨ホワイト (hwa-i-tʰū ファイトゥ)

数字① 漢数字

 日付・お金・長さ・重さなどに使う数字

韓国語には2種類の数字があり、後ろにつく助数詞によって使い分けます。
まず、日付やお金などに使う漢数字を覚えましょう。

CD 77

零(れい)	一	二	三	四	五	六
영 yōng ヨン	일 il イル	이 i イ	삼 sam サム	사 sa サ	오 o オ	육 yuk ユク
七	八	九	十	百	千	万
칠 chʰil チル	팔 pʰal パル	구 ku ク	십 sip シプ	백 pek ペク	천 chʰon チョン	만 man マン

漢数字にはこの助数詞 **CD 78**

日付

년
nyōn
ニョン
(〜年)

월
wol
ウォル
(〜月)

일
il
イル
(〜日)

2020**년**
i-chʰon i-sim nyōn
イチョン イシム ニョン
= 2020 年

7**월**
chʰil-wol
チルォル
= 7月

24**일**
i-sip-ssa-il
イシプサイル
24 日

주일
chu-il
チュイル
(〜週間)

1**주일**
il cchu-il
イルチュイル
= 1 週間

개월
ke-wol
ケウォル
(〜カ月)

6**개월**
yuk-kke-wol
ユクケウォル
= 6 カ月

お金

원
won
ウォン
(〜ウォン)

 1000**원** = 千**ウォン**
chʰon-won
チョヌォン

 5000**원** = 5千**ウォン**
o-chʰon-won
オチョヌォン

 10000**원** = 1万**ウォン**
man-won
マヌォン

 50000**원** = 5万**ウォン**
o-man-won
オマヌォン

長さ

센티
sen-tʰi
センティ
(〜センチ)

 30**센티**
sam-sip ssen-tʰi
サムシプ センティ
= 30 センチ

重さ

그램
kū-lem
クレム
(〜グラム)

 100**그램**
pek kkū-lem
ペク クレム
= 100 グラム

書いてみよう!

※数字は通常アラビア数字(「1」「2」「3」…)で書きますが、ここでは漢数字の練習のためにハングルで書きます。

漢字	ハングル
零	영
一	일
二	이
三	삼
四	사
五	오
六	육
七	칠
八	팔
九	구
十	십
百	백
千	천
万	만

数字	ハングル
2020 年	이천이십년
7 月	칠월
24 日	이십사일
1 週間	일주일
6 カ月	육 개월
千ウォン	천원
5千ウォン	오천원
1万ウォン	만원
5万ウォン	오만원
30 センチ	삼십 센티
100グラム	백 그램

単語・フレーズをどんどん読んで覚えよう

LESSON 5 数字② 固有数字

 物や人などを数えるのに使う数字

固有数字を覚えましょう。物や人などを数えたり、時刻の「～時」などにも使います。

「1」～「4」と「20」は、助数詞がつくとかっこ内の文字に形が変わるので、注意してください。

CD 79

1	2	3	4	5	6
하나(한) ha-na　han ハナ　ハン	둘(두) tul　tu トゥル　トゥ	셋(세) set　se セッ　セ	넷(네) net　ne ネッ　ネ	다섯 ta-sōt タソッ	여섯 yō-sōt ヨソッ
7	8	9	10	11	12
일곱 il-gop イルゴプ	여덟 yō-dōl ヨドル	아홉 a-hop アホプ	열 yōl ヨル	열하나 yōl-(h)a-na ヨラナ	열둘 yōl-ttul ヨルトゥル

※「8」の덟は2つの子音がパッチムになっています。
この場合はパッチム左側の ㄹ だけを発音します。

20
스물(스무) sū-mul　sū-mu スムル　スム

固有数字にはこの助数詞 **CD 80**

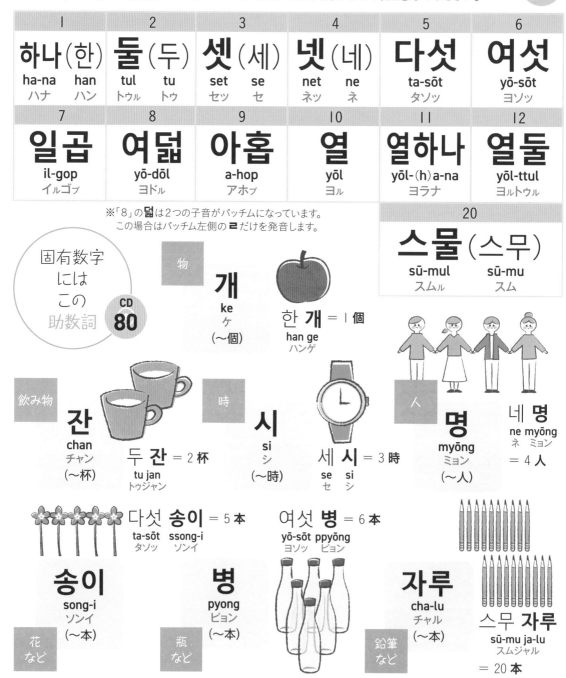

物
개
ke
ケ
(～個)

한 개 = 1個
han ge
ハンゲ

飲み物
잔
chan
チャン
(～杯)

두 잔 = 2杯
tu jan
トゥジャン

時
시
si
シ
(～時)

세 시 = 3時
se si
セ シ

人
명
myŏng
ミョン
(～人)

네 명
ne myŏng
ネ ミョン
= 4人

다섯 송이 = 5本
ta-sōt ssong-i
タソッ ソンイ

여섯 병 = 6本
yō-sōt ppyŏng
ヨソッ ビョン

송이
song-i
ソンイ
(～本)

花
など

병
pyong
ビョン
(～本)

瓶
など

자루
cha-lu
チャル
(～本)

鉛筆
など

스무 자루
sū-mu ja-lu
スムジャル
= 20本

142

書いてみよう!

※数字は通常アラビア数字(「1」「2」「3」…)で書きますが、ここでは固有数字の練習のためにハングルで書きます。

1	
하나	하나

2	
둘	둘

3	
셋	셋

4	
넷	넷

5	
다섯	다섯

6	
여섯	여섯

7	
일곱	일곱

8	
여덟	여덟

9	
아홉	아홉

10	
열	열

11	
열하나	열하나

12	
열둘	열둘

20	
스물	스물

1個	
한 개	한 개

2杯	
두 잔	두 잔

3時	
세 시	세 시

4人	
네 명	네 명

5本	
다섯 송이	다섯 송이

6本	
여섯 병	여섯 병

20本	
스무 자루	스무 자루

「~時」は
固有数字だけど
「~分」「~秒」には
漢数字(p.140)
なので注意

LESSON 6

地名のハングル

 ## 都市名や駅名を読み取る

韓国の地図で、大きな都市の位置を確認しながら読んでみましょう。

CD 81

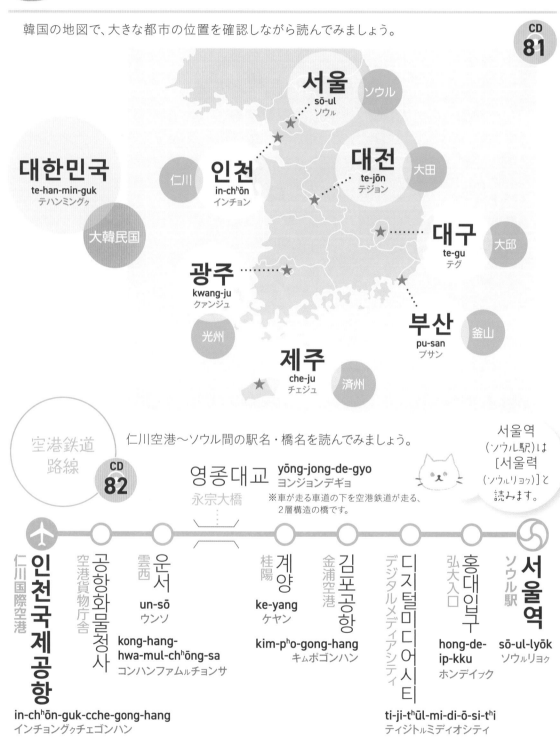

서울
sō-ul
ソウル
ソウル

대한민국
te-han-min-guk
テハンミングゥ
大韓民国

인천
in-chʰŏn
インチョン
仁川

대전
te-jŏn
テジョン
大田

대구
te-gu
テグ
大邱

광주
kwang-ju
クァンジュ
光州

부산
pu-san
プサン
釜山

제주
che-ju
チェジュ
済州

空港鉄道路線 **CD 82**

仁川空港～ソウル間の駅名・橋名を読んでみましょう。

서울역（ソウル駅）は［서울력（ソウルリョク）］と読みます。

영종대교
yōng-jong-de-gyo
ヨンジョンデギョ
永宗大橋
※車が走る車道の下を空港鉄道が走る、2層構造の橋です。

인천국제공항
仁川国際空港
in-chʰŏn-guk-cche-gong-hang
インチョングゥチェゴンハン

공항화물청사
空港貨物庁舎
kong-hang-hwa-mul-chʰŏng-sa
コンハンファムルチョンサ

운서
雲西
un-sō
ウンソ

계양
桂陽
ke-yang
ケヤン

김포공항
金浦空港
kim-pʰo-gong-hang
キムポゴンハン

디지털미디어시티
デジタルメディアシティ
ti-ji-tʰūl-mi-di-ō-si-tʰi
ティジトゥルミディオシティ

홍대입구
弘大入口
hong-de-ip-kku
ホンデイプク

서울역
ソウル駅
sō-ul-lyŏk
ソウルリョク

✏ 書いてみよう!

大韓民国
대한민국

대한민국

ソウル	仁川	大田	大邱	光州	釜山	済州
서울	인천	대전	대구	광주	부산	제주
서울	인천	대전	대구	광주	부산	제주

仁川国際空港
인천국제공항

인천국제공항

空港貨物庁舎
공항화물청사

공항화물청사

雲西
운서

운서

永宗大橋
영종대교

영종대교

桂陽
계양

계양

金浦空港
김포공항

김포공항

デジタルメディアシティ
디지털 미디어시티

디지털미디어시티

弘大入口
홍대입구

홍대입구

ソウル駅
서울역

서울역

単語・フレーズをどんどん読んで覚えよう

読んでみよう!

ソウルの地下鉄の駅名を読み取ります。

問 1 以下の駅名を読み取り、右側の空欄に発音をカタカナで記入してください。
※韓国語の発音は CD で確認できます。

①

明洞（地下鉄4号線、ショッピングの中心地）

②

梨大（地下鉄2号線、梨花女子大学の最寄り駅）

③

東大門（地下鉄1号線、巨大なショッピングモールがあります）

④

恵化（地下鉄4号線、小劇場が密集する大学路の最寄り駅）

実際の
駅名表示には
漢字とローマ字の
表記もあります

⑤ **129** **종로5가** →

鍾路5街（地下鉄1号線、鍾路も繁華街です）

※パッチム ㅇ、ㄹ の後ろに来る ㄹ は鼻音化して ㄴ で発音されます。

※数字の「5」には漢数字오[o]が使われています。

⑥ **222** **강 남** →

江南（地下鉄2号線、ソウルの富裕層が暮らす地域です）

⑦ **526** **여의도** →

汝矣島（地下鉄5号線、漢江の中州に位置し、国会議事堂があります）

⑧ **336** **압구정** →

狎鷗亭（地下鉄3号線、ロデオ通りが有名です）

⑨ **219** **삼 성** →

三成（地下鉄2号線、SMタウンの最寄り駅です）

解答

問① ①ミョンドン（myŏng-dong）②イデ（i-de）
③トンデムン（tong-de-mun）④ヘファ（he-hwa）
⑤チョンノ オガ（chong-no o-ga）⑥カンナム（kang-nam）⑦ヨイド（yō-i-do）
⑧アプクジョン（ap-kku-jōng）⑨サムソン（sam-sōng）

単語・フレーズをどんどん読んで覚えよう

LESSON 7　基本表現①あいさつ

　出会いのあいさつ

おはよう。／ こんにちは。／ こんばんは。	**안녕하세요?** an-nyōn-ha-se-yo アンニョンハセヨ	※時間帯に関係なく使える、 「お元気ですか?」という意味の 疑問文です。

안녕하세요?

どちらへ?	**어디 가세요?** ō-di　　ka-se-yo オディ　　カセヨ	※行先を尋ねるためではなく、 あいさつとしてよく使われる 表現です。

어디 가세요?

元気でしたか?	**잘 있었어요?** chal　　iss-ōss-ō-yo チャル　　イッソソヨ

잘 있었어요?

お久しぶりです。	**오래간만이에요.** o-le-gan-man-i-e-yo オレガンマニエヨ

오래간만이에요.

はじめまして。	**처음 뵙겠습니다.** chʰō-ūm　　pwep-kket-sūm-ni-da チョウム　　ペプケッスムニダ

처음 뵙겠습니다.

よろしくお願いします。	**잘 부탁합니다.** chal　　pu-tʰakʰ-(h)am-ni-da チャル　　プタカムニダ

잘 부탁합니다.

別れのあいさつ

さようなら。
（立ち去る人に）

안녕히 가세요.

an-nyŏn-hi　　ka-se-yo
アンニョンヒ　　カセヨ

※直訳は「安寧に行きなさい」
　という命令形です。

안녕히 가세요.

안녕히 계세요.

an-nyŏn-hi　　ke-se-yo
アンニョンヒ　　ケセヨ

※直訳は「安寧に居なさい」
　という命令形です。

さようなら。
（とどまる人に）

안녕히 계세요.

また明日。

내일 또 봐요.

ne-il　tto　pwa-yo
ネイル　ット　プァヨ

내일 또 봐요.

よい一日を。

좋은 하루 되세요.

cho(h)-ŭn　ha-lu　twe-se-yo
チョウン　ハル　トェセヨ

좋은 하루 되세요.

お気をつけて。

조심히 가세요.

cho-sim-(h)i　ka-se-yo
チョシミ　カセヨ

조심히 가세요.

力試し

単語・フレーズをどんどん読んで覚えよう

LESSON 8 基本表現② 返事とあいづち／お礼とおわび

🐱 返事とあいづち

CD 86

はい。 （フォーマル）	**예.** ye イェ	いいえ。	**아뇨.** a-nyo アニョ
	예.		아뇨.

はい。	**네.** ne ネ	違いますが。	**아닌데요.** a-nin-de-yo アニンデヨ
	네.		아닌데요.

その通り です。	**맞아요.** maj-a-yo マジャヨ	けっこうです。	**됐어요.** twess-ō-yo トェッソヨ
	맞아요.		됐어요.

そうですね。　**그래요.**　kū-le-yo　クレヨ　※最も一般的なあいづちの表現です。

그래요.

もちろんです。　**그럼요.**　kū-lōm-nyo　クロムニョ　※習慣的に[그럼뇨 kū-lōm-nyo]と発音されます。

그럼요.

まあまあです。　**그저 그래요.**　kū-jō クジョ　kū-le-yo クレヨ

그저 그래요.

ありがとう。

고마워요.
ko-ma-wo-yo
コマウォヨ

고마워요.

感謝します。

감사해요.
kam-sa-he-yo
カムサヘヨ

감사해요.

천만에요.
chʰŏn-man-e-yo
チョンマネヨ

천만에요.

どういたしまして。

ごめんなさい。

미안해요.
mi-an-⒣e-yo
ミアネヨ

미안해요.

申し訳ありません。

죄송합니다.
chwe-song-ham-ni-da
チェソンハムニダ

죄송합니다.

単語・フレーズをどんどん読んで覚えよう

力試し

基本表現③ 観光～食事／ショッピング

LESSON 9

 観光～食事

CD 88

ここに行ってください。	**여기로 가주세요.** yō-gi-lo　ka-ju-se-yo ヨギロ　カジュセヨ	※タクシーに乗って 住所を指さしながら 言います。

여기로 가주세요.

トイレはどこですか?	**화장실이 어디예요?** hwa-jang-sil-i　ō-di-e-yo ファジャンシリ　オディエヨ

화장실이 어디예요?

メニューください。	**메뉴 주세요.** me-nyu　chu-se-yo メニュ　チュセヨ

메뉴 주세요.

おすすめは何ですか?	**뭐가 맛있어요?** mwo-ga　mas-iss-ō-yo ムォガ　マシッソヨ	※直訳すると 「何がおいしいですか?」

뭐가 맛있어요?

これ1人前ください。	**이거 일인분 주세요.** i-gō　il-in-bun　chu-se-yo イゴ　イリンブン　チュセヨ	※メニューを 指さして 言います。

이거 일인분 주세요.

ごちそうさまでした。	**잘 먹었습니다.** chal　mōg-ōt-ssūm-ni-da チャル　モゴッスムニダ

잘 먹었습니다.

ユズ茶、
どこにありますか?

유자차 어디 있어요?

yu-ja-chʰa **ō-di** **iss-ō-yo**
ユジャチャ オディ イッソヨ

유자차 어디 있어요?

これはいくらですか?

이거 얼마예요?

i-gō **ōl-ma-e-yo**
イゴ オルマエヨ

이거 얼마예요?

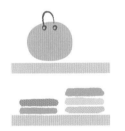

오만원이에요.

o-man-won-i-e-yo
オマヌォニエヨ

오만원이에요.

5万ウォンです。

まけてください。

싸게 해주세요.

ssa-ge **he-ju-se-yo**
ッサゲ ヘジュセヨ

싸게 해주세요.

※韓国のデパートでは
値引きはありません。
市場などで値切って
みましょう。

これをください。

이거 주세요.

i-gō **chu-se-yo**
イゴ チュセヨ

이거 주세요.

力試し

単語・フレーズをどんどん読んで覚えよう

読んでみよう!

読めれば意味がわかるカタカナ語のハングル表記を読み取ります。

問 1 次の飲み物の単語を読み取り、写真下の空欄に日本語（カタカナ）で記入してください。　※韓国語の発音は CD で確認できます。

① **아이스티**

② **아메리카노**

③ **카푸치노**

④ **에스프레소**

⑤ **카페 라떼**

⑥ **카라멜 마키아또**

問 **2** 次の SNS 関連単語を読み取り、写真下の空欄に日本語（カタカナ）で
記入してください。 ※韓国語の発音は CD で確認できます。

① **인터넷**

⬚

② **와이파이**

⬚

③ **소셜미디어**

⬚

④ **트위터**

⬚

⑤ **카카오톡**

⬚

★通常は縮めて**카톡**（カトク）といいます。

⑥ **유튜브**

⬚

⑦ **인스타그램**

⬚

⑧ **페이스북**

⬚

⑨ **팔로우**

⬚

英語とも
ちょっと違う
発音になるから
CD で音声を
確認して

単語・フレーズをどんどん読んで覚えよう

力試し

解答

問 **1** ①**アイスティー**（a-i-sū-tʰi アイスティ）②**アメリカン**（a-me-li-kʰa-no アメリカノ）
③**カプチーノ**（kʰa-pʰu-chʰi-no カプチノ）④**エスプレッソ**（e-sū-pʰū-le-so エスプレソ）
⑤**カフェラテ**（kʰa-pʰe la-tte カペ ラッテ）
⑥**キャラメルマキアート**（kʰa-la-mel ma-kʰi-a-tto カラメル マキアット）

問 **2** ①**インターネット**（in-tʰō-net イントネッ）②**ワイファイ、Wi-Fi**（wa-i-pʰa-i ワイパイ）
③**ソーシャルメディア**（so-syōl-mi-di-ō ソショルミディオ）④**ツイッター**（tʰū-wi-tʰō ツイト）
⑤**カカオトーク**（kʰa-kʰa-o-tʰok カカオトク）⑥**ユーチューブ**（yu-tʰyu-bū ユトゥブ）
⑦**インスタグラム**（in-sū-tʰa-gū-lem インスタグレム）⑧**フェイスブック**（pʰe-i-sū-buk ペイスブク）
⑨**フォロー**（pʰal-lo-u パルロウ）

おさらい練習問題

問 1 左側のフレーズがそれぞれどんな時に使う言葉か、
適切なものを右側の A ～ D から選び、線でつないでください。

① **고마워요.** •   • A 謝る時

② **맞아요.** •   • B 感謝する時

③ **미안해요.** •   • C 断る時

④ **됐어오.** •   • D 相手に同意する時

問 2 左側のフレーズがそれぞれどんな時に使う言葉か、
適切なものを右側の A ～ D から選び、線でつないでください。

① **잘 먹었습니다.** •   • A 初めて会う人に

② **안녕히 가세요.** •   • B 別れ際に

③ **잘 있었어요?** •   • C 食事が終わった時に

④ **처음**
뵙겠습니다. •   • D 久しぶりに会った人に

ローマ字と一致する適切なハングルを空欄に記入し、あいさつフレーズを完成させてください。

① こんにちは。

	하세요?

an-nyōng

② どういたしまして。

	에요.

chʰōn-man

あいさつと
お礼・おわびは
しっかり
覚えておこう

③ よろしくお願いします。

잘 [　　　　] 합니다.

pu-tʰak

④ 申し訳ありません。

	합니다.

chwe-song

⑤ お久しぶりです。

	이에요.

o-le-gan-man

解答

問 1　① = B (ありがとう)　② = D (その通りです)　③ = A (ごめんなさい)　④ = C (けっこうです)

問 2　① = C (ごちそうさまでした)　② = B (さようなら)　③ = D (元気でしたか?)　④ = A (はじめまして)

問 3　① 안녕　② 천만　③ 부탁　④ 죄송　⑤ 오래간만

力試し

単語・フレーズをどんどん読んで覚えよう

					母音					
	ㅏa	ㅑya	ㅓō	ㅕyō	ㅗo	ㅛyo	ㅜu	ㅠyu	ㅡū	ㅣi
ㄱ k(g)	가 カ(ガ)	갸 キャ(ギャ)	거 コ(ゴ)	겨 キョ(ギョ)	고 コ(ゴ)	교 キョ(ギョ)	구 ク(グ)	규 キュ(ギュ)	그 ク(グ)	기 キ(ギ)
激音 ㅋ kʰ	카 カ	캬 キャ	커 コ	켜 キョ	코 コ	쿄 キョ	쿠 ク	큐 キュ	크 ク	키 キ
濃音 ㄲ kk	까 ッカ	꺄 ッキャ	꺼 ッコ	껴 ッキョ	꼬 ッコ	꾜 ッキョ	꾸 ック	뀨 ッキュ	끄 ック	끼 ッキ
ㄴ n	나 ナ	냐 ニャ	너 ノ	녀 ニョ	노 ノ	뇨 ニョ	누 ヌ	뉴 ニュ	느 ヌ	니 ニ
ㄷ t(d)	다 タ(ダ)	댜 ティャ(ディャ)	더 ト(ド)	뎌 ティョ(ディョ)	도 ト(ド)	됴 ティョ(ディョ)	두 トゥ(ドゥ)	듀 ティユ(ディユ)	드 トゥ(ドゥ)	디 ティ(ディ)
激音 ㅌ tʰ	타 タ	탸 ティャ	터 ト	텨 ティョ	토 ト	툐 ティョ	투 トゥ	튜 ティユ	트 トゥ	티 ティ
濃音 ㄸ tt	따 ッタ	땨 ッティャ	떠 ット	뗘 ッティョ	또 ット	뚀 ッティョ	뚜 ットゥ	뜌 ッティユ	뜨 ットゥ	띠 ッティ
ㄹ l	라 ラ	랴 リャ	러 ロ	려 リョ	로 ロ	료 リョ	루 ル	류 リュ	르 ル	리 リ
ㅁ m	마 マ	먀 ミャ	머 モ	며 ミョ	모 モ	묘 ミョ	무 ム	뮤 ミュ	므 ム	미 ミ
ㅂ p(b)	바 パ(バ)	뱌 ピャ(ビャ)	버 ポ(ボ)	벼 ピョ(ビョ)	보 ポ(ボ)	뵤 ピョ(ビョ)	부 プ(ブ)	뷰 ピュ(ビュ)	브 プ(ブ)	비 ピ(ビ)
激音 ㅍ pʰ	파 パ	퍄 ピャ	퍼 ポ	펴 ピョ	포 ポ	표 ピョ	푸 プ	퓨 ピュ	프 プ	피 ピ
濃音 ㅃ pp	빠 ッパ	뺘 ッピャ	뻐 ッポ	뼈 ッピョ	뽀 ッポ	뾰 ッピョ	뿌 ップ	쀼 ッピュ	쁘 ップ	삐 ッピ
ㅅ s	사 サ	샤 シャ	서 ソ	셔 ショ	소 ソ	쇼 ショ	수 ス	슈 シュ	스 ス	시 シ
濃音 ㅆ ss	싸 ッサ	쌰 ッシャ	써 ッソ	쎠 ッショ	쏘 ッソ	쑈 ッショ	쑤 ッス	쓔 ッシュ	쓰 ッス	씨 ッシ
ㅇ (無)	아 ア	야 ヤ	어 オ	여 ヨ	오 オ	요 ヨ	우 ウ	유 ユ	으 ウ	이 イ
ㅈ ch(j)	자 チャ(ジャ)	쟈 チャ(ジャ)	저 チョ(ジョ)	져 チョ(ジョ)	조 チョ(ジョ)	죠 チョ(ジョ)	주 チュ(ジュ)	쥬 チュ(ジュ)	즈 チュ(ジュ)	지 チ(ジ)
激音 ㅊ chʰ	차 チャ	챠 チャ	처 チョ	쳐 チョ	초 チョ	쵸 チョ	추 チュ	츄 チュ	츠 チュ	치 チ
濃音 ㅉ cch	짜 ッチャ	쨔 ッチャ	쩌 ッチョ	쪄 ッチョ	쪼 ッチョ	쬬 ッチョ	쭈 ッチュ	쮸 ッチュ	쯔 ッチュ	찌 ッチ
ㅎ h	하 ハ	햐 ヒャ	허 ホ	혀 ヒョ	호 ホ	효 ヒョ	후 フ	휴 ヒュ	흐 フ	히 ヒ

子音

ㅐe	ㅒye	ㅔe	ㅖye	ㅘwa	ㅚwe	ㅙwe	ㅝwo	ㅟwi	ㅞwe	ㅢui
개 ケ(ゲ)	걔 ケ(ゲ)	게 ケ(ゲ)	계 ケ(ゲ)	과 クァ(グァ)	괴 クェ(グェ)	괘 クェ(グェ)	궈 クォ(グォ)	귀 クィ(グィ)	궤 クェ(グェ)	긔 クィ(グィ)
캐 ケ		케 ケ	켸 ケ	콰 クァ	쾨 クェ	쾌 クェ	쿼 クォ	퀴 クィ	퀘 クェ	킈 クィ
깨 ッケ		께 ッケ	꼐 ッケ	꽈 ックァ	꾀 ックェ	꽤 ックェ	꿔 ックォ	뀌 ックィ	꿰 ックェ	끠 ックィ
내 ネ	냬 ネ	네 ネ	녜 ネ	놔 ヌァ	뇌 ヌェ		눠 ヌォ	뉘 ヌィ	눼 ヌェ	늬 ヌィ
대 テ(デ)		데 テ(デ)	뎨 テ(デ)	돠 トァ(ドァ)	되 トェ(ドェ)	돼 トェ(ドェ)	둬 トゥォ(ドゥォ)	뒤 トゥィ(ドゥィ)	뒈 トゥェ(ドゥェ)	듸 トゥィ(ドゥィ)
태 テ		테 テ	톄 テ	톼 トァ	퇴 トェ	퇘 トェ	퉈 トゥォ	튀 トゥィ	퉤 トゥェ	틔 トゥィ
때 ッテ		떼 ッテ	뗴 ッテ	똬 ットァ	뙤 ットェ	뙈 ットェ	뚸 ットゥォ	뛰 ットゥィ	뛔 ットゥェ	띄 ットゥィ
래 レ		레 レ	례 レ	롸 ルァ	뢰 ルェ		뤄 ルォ	뤼 ルィ	뤠 ルェ	
매 メ		메 メ	몌 メ	뫄 ムァ	뫼 ムェ		뭐 ムォ	뮈 ムィ	뭬 ムェ	
배 ペ(ベ)		베 ペ(ベ)	볘 ペ(ベ)	봐 プァ(ブァ)	뵈 プェ(ブェ)	봬 プェ(ブェ)	붜 プォ(ブォ)	뷔 プィ(ブィ)	붸 プェ(ブェ)	
패 ペ		페 ペ	폐 ペ	퐈 プァ	푀 プェ		풔 プォ	퓌 プィ		
빼 ッペ		뻬 ッペ								
새 セ	섀 セ	세 セ	셰 セ	솨 スァ	쇠 スェ	쇄 スェ	쉬 スォ	쉬 スィ	쉐 スェ	
쌔 ッセ		쎄 ッセ		쏴 ッスァ	쐬 ッスェ	쐐 ッスェ	쒀 ッスォ	쒸 ッスィ	쒜 ッスェ	씌 ッスィ
애 エ	얘 イェ	에 エ	예 イェ	와 ワ	외 ウェ	왜 ウェ	워 ウォ	위 ウィ	웨 ウェ	의 ウィ
재 チェ(ジェ)	쟤 チェ(ジェ)	제 チェ(ジェ)	졔 チェ(ジェ)	좌 チュァ	죄 チェ(ジェ)	좨 チェ(ジェ)	줘 チュォ(ジュオ)	쥐 チュィ(ジュィ)	줴 チェ(ジェ)	
채 チェ		체 チェ	쳬 チェ	촤 チュァ	최 チェ		춰 チュォ	취 チュィ	췌 チェ	츼 チュィ
째 ッチェ		쩨 ッチェ	쪠 ッチェ	쫘 ッチュァ	쬐 ッチェ	쫴 ッチェ	쭤 ッチュォ	쮜 ッチュィ		
해 ヘ		헤 ヘ	혜 ヘ	화 ファ	회 フェ	홰 フェ	훠 フォ	휘 フィ	훼 フェ	희 フィ

力試し

単語・フレーズをどんどん読んで覚えよう

著者

石田 美智代（いしだ みちよ）

法政大学法学部卒業、静岡大学人文社会科学研究科修士課程修了。現在、慶應義塾大学、神奈川大学、上智大学などで韓国語非常勤講師。主な著書に『一発合格！ よく出るハングル能力検定試験4級・5級問題集』『大好きが伝わる！ 韓国語プチ単語帳』（ナツメ社）、『文字から身につく すぐ読める！ すぐ話せる！ 韓国語単語集』（永岡書店）、『最効率！ 例文で覚える韓国語単語』（研究社）、『きれいに話せる ひとりで学べる はじめまして韓国語〈基本文法〉』（ジャパンタイムズ）などがある。

イラスト

碇 優子

録音

一般財団法人　英語教育協議会（ELEC）

ナレーション

水月優希／イム・チュヒ

編集協力・デザイン・DTP

株式会社エディット

編集担当

遠藤やよい（ナツメ出版企画株式会社）

本書に関するお問い合わせは、書名・発行日・該当ページを明記の上、下記のいずれかの方法にてお送りください。電話でのお問い合わせはお受けしておりません。
- ナツメ社Webサイトの問い合わせフォーム
  https://www.natsume.co.jp/contact
- FAX（03-3291-1305）
- 郵送（下記、ナツメ出版企画株式会社宛て）

なお、回答までに日にちをいただく場合があります。正誤のお問い合わせ以外の書籍内容に関する解説・個別の相談は行っておりません。あらかじめご了承ください。

CD付き　オールカラー

超入門！3日でマスター！ハングルドリル

2020年 1 月 2 日　初版発行
2021年 6 月20日　第 4 刷発行

著　者　石田美智代　　　　　©Ishida Michiyo, 2020

発行者　田村正隆

発行所　株式会社ナツメ社
　　　　東京都千代田区神田神保町1-52
　　　　ナツメ社ビル1F（〒101-0051）
　　　　電話 03-3291-1257（代表）　FAX 03-3291-5761
　　　　振替 00130-1-58661

制　作　ナツメ出版企画株式会社
　　　　東京都千代田区神田神保町1-52
　　　　ナツメ社ビル3F（〒101-0051）
　　　　電話 03-3295-3921（代表）

印刷所　ラン印刷社

ISBN978-4-8163-6764-9　Printed in Japan
〈定価はカバーに表示してあります〉〈乱丁・落丁本はお取り替えします〉